Carl-Auer-Systeme Verlag

Zwischen Couch und Einwegspiegel

Karl König/Fritz B. Simon

Systemisches für Psychoanalytiker –
Psychoanalytisches für Systemiker.
Ein Gespräch

2001

Carl-Auer-Systeme im Internet: **www.carl-auer.de**
Bitte fordern Sie unser Gesamtverzeichnis an!

Carl-Auer-Systeme Verlag
Weberstr. 2
69120 Heidelberg

Über alle Rechte der deutschen Ausgabe verfügt Carl-Auer-Systeme
Verlag und Verlagsbuchhandlung GmbH Heidelberg
Fotomechanische Wiedergabe nur mit Genehmigung des Verlages
Satz u. Grafik: Drißner-Design u. DTP, Meßstetten
Umschlaggestaltung: WSP Design, Heidelberg
Umschlagfoto: Siegmund Freuds Couch
© Freud-Museum London, 2001
Printed in the Netherlands
Druck und Bindung: Koninklijke Wöhrmann B. V., Zutphen

Erste Auflage, 2001
ISBN 3-89670-212-2

Die Deutsche Bibliothek - CIP-Einheitsaufnahme

Ein Titeldatensatz für diese Publikation ist bei
Der Deutschen Bibliothek erhältlich.

Inhalt

Vorbemerkung

Preisfrage: Was ist das? Ein Mann schleppt eine Couch die Treppen eines Mietshauses hinauf? Antwort: ein Psychoanalytiker bei einem Hausbesuch!

Zweite Preisfrage: Was ist das? Mehrere Personen tragen einen Einwegspiegel die Treppen eines Mietshauses hinauf? Antwort: Systemische Familientherapeuten bei einem Hausbesuch!

Solche Lach- und Sachgeschichten haben den Vorteil, dass sie die in der Öffentlichkeit kursierenden Klischees kurz und knapp auf den Punkt bringen. Und die Entstehung solcher Bilder ist meist ja nicht ganz unberechtigt. Was die Psychoanalyse und die systemische Familientherapie betrifft, so ist beiden gemeinsam, dass sie durch ein spezielles Setting auffallen. Und so ist es nicht verwunderlich, dass sie und ihre Methode weitgehend mit dem Setting identifiziert werden. Psychoanalyse ist eben, wenn einer hinter der Couch sitzt, und bei der systemischen Familientherapie schauen halt Leute zu, wenn Familien über ihre Angelegenheiten sprechen ...

Beides ist aber nur ein sehr bescheidener und wahrlich nicht repräsentativer Bestandteil dessen, was beide Therapieformen ausmacht und was sie voneinander unterscheidet. Denn bei vielen Therapieformen, die sich auf die Psychoanalyse als Grundlage berufen, wird die Couch nicht genutzt, und systemische Therapieformen werden heute wohl überwiegend ohne den Einwegspiegel und die dahinter sitzenden Beobachter durchgeführt. Dennoch sind beide Settings für die Entwicklung von Theorie und Praxis der beiden Methoden oder Schulen von entscheidender Bedeutung gewesen, da sie jeweils zu fachlichen Revolutionen und Paradigmenwechseln geführt haben.

Das psychoanalytische Standardverfahren, bei dem der Analytiker hinter der Couch sitzt und der Analysand auf der Couch liegt, steht für den Versuch, die Interaktion und Kommunikation als Wirkfaktor möglichst weit auszuschließen oder zumindest zu begrenzen, um so einen möglichst unverhüllten Zugang zur Psychodynamik des Analysanden zu erhalten. Dem Zeitgeist entsprechend, wurde von Freud nach einer Methode gesucht, die dem Ideal objektiver Erkenntnis möglichst nahe käme. Wenn der Analysand der Grundregel folgt und erzählt, was ihm in den Sinn kommt, so eröffnet sich dem Analytiker der Zugang zu dessen Psychodynamik. Auch aus heutiger Perspektive kann dies wohl immer noch mit Fug und Recht als einzigartiges und privilegiertes Verfahren zum Studium psychodynamischer Mechanismen betrachtet werden. Denn unter welch anderen Bedingungen legen wir uns gegenseitig in vergleichbarer Weise offen, was wir denken und fühlen? Die Psychoanalyse wurde so zu einem Raum der Intimkommunikation, wie er sonst nirgends zu finden ist. Dass damit Einflussfaktoren hinsichtlich der Interaktion ausgeschlossen wären, stellte sich allerdings schon in den Anfangszeiten der Psychoanalyse heraus. Der schweigende oder nur sehr spärlich kommentierende und deutende Analytiker kommuniziert eben auch durch sein Schweigen mit seinem Analysanden, auch wenn dies in einer reduzierteren und besser kontrollierbaren Art geschieht und viel Raum für Projektionen offen lässt. Und als Freud sich mit den Phänomenen, die er Übertragung und Gegenübertragung nannte, konfrontiert sah, war die Illusion, der Analytiker könne eine objektive Außenperspektive der Psychodynamik des Analysanden gegenüber gewinnen, sowieso dahin.

Das hatte weit reichende theoretische wie technische Konsequenzen. In der Folge entwickelten sich aus der Fokussierung auf die individuelle Psychodynamik des Patienten abgewandelte, auch weniger zeitaufwändige Therapieverfahren, die man zusammenfassend als tiefenpsychologisch orientiert bezeichnen kann. Die Couch ist dabei nicht mehr unabdingbar, und es sind Methoden entwickelt worden, in denen mit Gruppen oder auch mit Paaren und Familien gearbeitet wird. Was sie verbindet, ist der vorrangige Blick auf das Individuum und die Deutung des interaktionellen Geschehens unter inidividuumbezogenen, psychodynamischen Gesichtspunkten.

Das Gegenbild dazu liefert die systemische Familientherapie, und auch hier symbolisiert das Setting den Wechsel des Aufmerksamkeitsfokus. Mit der Installierung der Einwegscheibe wurde der Intimraum der Psychotherapie aufgebrochen. Wenn ein oder mehrere Therapeuten mit einer Familie arbeiten und einige ihrer Kollegen sie dabei durch die Einwegscheibe beobachten, so ergibt sich aus dem Unterschied der Perspektiven fast unvermeidlich ein Unterschied der Beschreibung der Geschehnisse. In der Diskussion zwischen den direkt mit einer Familie arbeitenden und den sie von außen beobachtenden Therapeuten wird nicht nur klar, dass die jeweilige Perspektive die Beobachtung bestimmt, es wird auch deutlich, dass keiner der Beteiligten für sich und seine Sichtweise die Wahrheit beanspruchen kann. Wenn die Innen- und die Außenpositionen wechseln, so kann jeder erleben, dass er in der direkten Interaktion mit der Familie bzw. ihren Mitgliedern andere Gefühle und Gedanken erlebt, als wenn er aus der distanzierten Perspektive hinter dem Einwegspiegel, ohne den Handlungsdruck des aktuellen Reagierenmüssens, seine Beobachtungen ordnen und sortieren kann.

Derartige Erfahrungen führten dazu, dass der Konstruktivismus zu einem wesentlichen Baustein der Theorieentwicklung systemischer Therapie wurde. Wenn das, was beobachtet wird, von der Perspektive des Beobachters abhängt, dann muss man sich weit reichende Gedanken über den Status jeglicher Erkenntnis und aller Wahrheitsansprüche machen.

Die unterschiedlichen Perspektiven, die durch die Einwegscheibe eröffnet wurden, verschoben aber auch den Fokus auf die Interaktion und Kommunikation. Was direkt beobachtbar war und ist, ist eben nicht die Psychodynamik der Beteiligten, sondern was wer wann tut. Es wurden daher zunehmend Spielregeln der Interaktion beobachtet, und ihre Relevanz für die Bildung und Aufrechterhaltung von Symptomen wurde erforscht. Dementsprechend wurden neue, nicht primär auf die Psychodynamik gerichtete theoretische Grundlagen für therapeutische Interventionen nötig.

Sie wurden von der System- und Kommunikationstheorie geliefert. Die Logik, die ihnen zugrunde liegt, unterscheidet sich in vielfältiger Hinsicht von der Logik des Alltagsdenkens, aber auch von der Logik psychodynamischer Konzepte. Diese Unterschiede dürften den Hintergrund für die Auseinandersetzungen zwischen psychoanalytisch und systemisch orientierten Therapeuten während der letzten zwanzig bis dreißig Jahre bilden. Es sind häufig Differenzen auf der Ebene der theoretischen Modelle; ob sich diese Unterschiede auch in der alltäglichen therapeutischen Praxis zeigen, bleibt eine

Frage, die es zu beantworten gilt. Über sie ins Gespräch zu kommen ist Ziel dieses Buches.

Zu seiner Entstehung und zur persönlichen Beziehung der Autoren zueinander einige Vorbemerkungen.

Wir haben uns 1987 in Palo Alto im Rahmen eines Sommerkurses in Systemischer Therapie kennen gelernt. Veranstaltet wurde er vom *Mental Research Institute*, dem Institut, aus dem in den 60er- und 70er-Jahren wohl die wichtigsten Anregungen zur Weiterentwicklung systemischer Therapieansätze hervorgegangen waren. Dozenten dieses Kurses waren Paul Watzlawick, Heinz von Foerster und Fritz Simon. Unter den teilweise prominenten Kursteilnehmern befand sich auch Karl König. Er war damals Leiter der *Abteilung für klinische Gruppenpsychotherapie* an der *Universität Göttingen* und Vorsitzender des *Göttinger psychoanalytischen Instituts*. Der andere von uns beiden, Fritz Simon, war damals leitender Oberarzt der *Abteilung für psychoanalytische Grundlagenforschung und Familientherapie* der *Universität Heidelberg*, eines Instituts, das zwar noch die Psychoanalyse in seinem Namen trug, in dem aber schon seit mehreren Jahren konsequent, ausschließlich und kompromisslos an der Entwicklung systemischer Therapiemodelle gearbeitet wurde.

Die teilweise sehr skeptische Einstellung der Seminarteilnehmer gegenüber den in Palo Alto vermittelten Ansätzen sorgte für angeregte Diskussionen, vor allem an den Abenden bei kalifornischem Wein in den Studentenwohnheimen der *Stanford University*. Die fachliche Auseinandersetzung zwischen uns, Karl König und Fritz Simon, ging aber noch über diese allgemeinen Diskussionen hinaus: Wir erkundeten an den Wochenenden gemeinsam in einem Leihwagen die Gegend um San Francisco und diskutierten dabei zwangsläufig über Gott und die Welt. Dabei stellte sich heraus, dass wir unsere Lehranalyse bei demselben Analytiker durchlebt hatten. Es ergab sich so etwas wie eine „verwandtschaftliche" Beziehung.

Der Kontakt blieb nicht so intensiv, aber wir begegneten uns immer wieder bei Kongressen und bei der Lektüre unserer Arbeiten. Irgendwann entstand, bei einem dieser Kongresse, die Idee, unsere Gespräche könnten vielleicht ja auch für andere Grenzgänger zwischen Psychoanalyse und systemischer Therapie von Interesse sein.

Wir trafen uns also und sprachen über die fachlichen Themen, die uns aus unserer Praxis am Verhältnis Psychoanalytisches / Systemisches am relevantesten erschienen. Wir ließen das alles transkribieren, überarbeiteten es redaktionell und ergänzten es. Herausgekommen ist die Niederschrift eines Gespräches mit all den Vor- und Nachteilen solcher Gespräche: Sie folgen keiner systematischen Gliederung, sie orientieren sich häufig an den freien Assoziationen der Gesprächsteilnehmer, es werden Schleifen vollzogen, d. h., man kommt auf Themen zurück, mit denen man sich schon vorher beschäftigt hatte, manche Aspekte, die bereits ausdiskutiert erschienen, werden noch einmal von einer anderen Seite beleuchtet, und manches bleibt unangesprochen.

All dies sollte der Leser wissen, bevor er sich auf die Lektüre dieses Buches einlässt. Er hat es mit dem Dialog zweier Personen zu tun, die beide von ihren jeweiligen Kollegen wahrscheinlich nicht als Musterbeispiele der Orthodoxie erlebt werden. Im Mittelpunkt ihres gemeinsamen Interesses stehen eher pragmatische Fragen. Das kann erklären, warum sie sich auf dieses Projekt eingelassen haben. Denn es ist allemal einfacher, sich nur in den Dialog mit Menschen zu begeben, die von vornherein dasselbe denken und meinen wie man selbst. Aber dann nimmt man sich halt auch die Chance, etwas zu lernen, seinen Horizont zu erweitern, alternative Perspektiven einnehmen und seine Optionen erweitern zu können.

In der Hoffnung, dass der Leser – zumindest ansatzweise – Anregungen für seine eigene Positionierung im Spektrum zwischen Couch und Einwegscheibe erhält,

Fritz B. Simon
Heidelberg, im Herbst 2001

11

Wo fangen wir an? Bei den Phänomenen? Bei den Konzepten?

Simon: Ich denke, es wäre gut, wenn wir bei den praktischen Erfahrungen des Therapeuten anfangen. Zum Beispiel damit, dass man als Therapeut mit einem speziellen Typ von Patienten immer wieder in dieselben Kommunikationsmuster gerät; oder dass man bei der Arbeit mit einer bestimmten Art von Familien immer wieder dieselben Erfahrungen macht. Am Anfang könnte die Frage stehen: Wie verwickelt sich ein Therapeut, und wie entwickelt er sich wieder? Und welche Auswirkungen haben seine theoretischen Konzepte auf sein Verhalten?

Das scheint mir, von der Praxis her betrachtet, sinnvoll, und von der Theorie her auch. Deswegen sollten wir beim Therapeuten oder, theoretisch gesprochen, beim Beobachter anfangen. Der Therapeut als Beobachter: Was beobachtet er bei anderen, was beobachtet er bei sich selbst?

König: Ich würde lieber bei den Konzepten anfangen. Es gibt ja induktive und deduktive Menschentypen. Induktion finde ich persönlich schwieriger. Ich habe mich ja mit Philosophie beschäftigt. Da findet man Leute, die sehr induktiv waren, zum Beispiel Wittgenstein, der in seinen späteren Arbeiten vom Alltäglichen aus seine Konzepte entwickelt hat. Das bewundere ich, aber ich weiß nicht, ob ich es gut kann. Manchmal bin ich mir auch nicht sicher, ob er seine Anschauungen aus Konkretem abgeleitet hat oder nur konkrete Beispiele verwendet hat, um seine Ideen zu illustrieren.

WAS BEOBACHTEN WIR, WAS TUN WIR?

Simon: Ich denke, wir müssten irgendwo einen gemeinsamen Ausgangspunkt finden, an dem wir gemeinsame Erfahrungen teilen, das heißt die Leser, Sie und ich.

Das könnte ein theoretisches Konzept sein, aber die Schwierigkeit ist dann, dass wir uns ja über *unterschiedliche* Konzepte unterhalten wollen.

Wir sind alle Beobachter, die Konzepte entwickeln, wenn auch unterschiedliche. Das gefällt mir eigentlich aus konstruktivistischer Sicht am besten als Ausgangspunkt. Was beobachtet wer? Und inwieweit ist das geleitet durch seine Theorie, die er im Hintergrund mitlaufen lässt, durch die dadurch bestimmten Erwartungen? Wie sind seine impliziten Bewertungen? Und was stellt er dementsprechend mit seinen Patienten an? Worauf achtet ein Analytiker, was interessiert einen Analytiker, wenn er mit seinen Patienten zusammen ist? Darum geht es ja. Das ist theoriegeleitet. Da unterscheidet und bewertet er schon. Wird der Patient ihm etwas Wichtiges oder Unwichtiges erzählen?

König: Die Wahrnehmungseinstellung hängt auch mit der Persönlichkeit zusammen. Wenn ich mich frage: Was mache ich ...? Natürlich, ich beobachte möglichst neutral, aber es gibt ja von Goethe eine Aussage: „Was fruchtbar ist, allein ist wahr."

Stimmt natürlich so nicht. Das ist ein Aphorismus, und wie jeden Aphorismus darf man ihn nicht wörtlich nehmen. Aber ich bin auch sehr methodenorientiert. Das war ich schon während meiner Zeit am Heidelberger physiologischen Institut. Ich war immer jemand, der Methoden entwickelte oder es zumindest versucht hat. In der Psychoanalyse im Grunde auch. Beim Methodischen geht es immer auch um Tun ...

Simon: Beobachten und Tun sind ja nicht trennbar. In meinem Tun kreiere ich eine Situation mit dem Patienten, und er oder sie antwortet auf meine Methode. Und dann muss ich darauf wieder reagieren und meine Methodik daran ausrichten. Insofern schließt sich der Kreis. Egal, ob wir jetzt mit der Methode anfangen oder nicht. Meinetwegen können wir auch mit der Methode anfangen.

König: Vielleicht sollte man versuchen, auch hier eine inhärente Systematik zu finden. Vielleicht ist sie schon enthalten. Also, es gibt ja so zentrale Dinge. Ganz zentral finde ich das Autopoiesekonzept. Ganz zentral finde ich, wie man Übertragung beeinflussen kann, auch durch zirkuläres Fragen.

14

Simon: Und: Wie geht man mit Fragen der Gegenübertragung in der Therapie um?

König: Dann: Wo greift man ein, innerpsychisch oder in der Kommunikation? Oder indem man versucht, Innerpsychisches in der Kommunikation sich darstellen zu lassen, wie in der Analyse, oder – wie in der systemischen Therapie und in der tiefenpsychologisch fundierten Therapie – dadurch, dass man die Beziehung zu anderen Personen, weniger zu sich selbst bearbeitet? Dann die Sache mit dem sekundären und primären Krankheitsgewinn, die finde ich auch diskussionswürdig.

Simon: Schauen wir doch einfach, wo uns das Gespräch hinführt. Ein bisschen Vertrauen in den Prozess …

Ich denke, wir können uns darauf einigen, dass die Theorie die Beobachtung lenkt. Wir könnten daher mit der Frage beginnen: Worauf achtet ein Systemiker, und worauf achtet ein Psychoanalytiker aufgrund der zugrunde gelegten Theorien und Konzepte?

König: Wobei Sie dann wahrscheinlich dazusagen müssten, worauf achte ich als … – weil Sie ja auch Analytiker sind –, wenn Sie ihren systemischen Hut aufhaben …

Simon: Eher die systemische Perücke. Das ist Haarersatz, sozusagen, Hut wäre zu wenig.

BESCHREIBEN, ERKLÄREN, BEWERTEN

Simon: Wenn wir bei den Konzepten anfangen, so sind meine theoretischen Grundlagen konstruktivistisch. Ich versuche also, in der Selbstbeobachtung zu unterscheiden, welches die unterschiedlichen Aspekte meiner Wirklichkeitskonstruktion sind.

Im Einzelnen heißt das: Welche Phänomene unterscheide ich von anderen? Oder, anders gesagt: Was nehme ich überhaupt wahr? Was fällt mir auf? Das wird mir allerdings meist erst dann deutlich, wenn anderen etwas anderes auffällt bzw. sie etwas wahrnehmen, was ich nicht wahrnehme, oder sie etwas nicht wahrnehmen, was ich wahrnehme. Als Beobachter sehe ich mich erst einmal mit bestimmten Phänomenen konfrontiert, die allerdings nicht unabhängig davon,

wie ich sie als Phänomene unterscheide und wahrnehme, „an sich"
existieren.

König: Zunächst erwartet man bestimmte Phänomene.

Simon: Man erwartet welche, und die Erwartungen bestimmen zu
einem guten Teil, welche Phänomene man sieht und welche man
nicht sieht. Im Alltag sind diese Erwartungen ganz praktisch, man
setzt bestimmte Geschehnisse als selbstverständlich voraus.

In unserem Heidelberger Ansatz unterscheiden wir bei solchen
Wirklichkeitskonstruktionen zwischen dem Beschreiben von Phänomenen, ihrer Erklärung und ihrer Bewertung.[1]

Lassen Sie mich ein Beispiel geben: Wenn ein Therapeut davon
spricht, der Patient XY habe eine Vaterübertragung auf ihn, so ist
nicht klar, ob damit ein Phänomen beschrieben wird, ob es erklärt
oder bewertet wird. Zum einen beschreibt der Begriff ein Phänomen:
Herr XY zeigt ein charakteristisches Verhalten (wie immer das sein
mag), das in unserem kulturellen Kontext in einer Vater-Sohn-Beziehung zu erwarten ist.

König: Oder der Patient beschreibt den Vater, und der Analytiker
merkt, dass sein Analysand sich ihm gegenüber so verhält, wie das
zu seiner Beziehung zum Vater passen würde.[2]

Simon: Wenn nun aus diesem Verhalten auf psychische Phänomene
geschlossen, etwa die subjektive Gleichsetzung der Therapeut-Patienten-Beziehung mit der Vater-Sohn-Beziehung, so ist dies eine Erklärung. In solchen Erklärungen konstruiert der Beobachter einen
hypothetischen Mechanismus, der das jeweilige Phänomen hervor-
bringen würde, wenn es ihn denn tatsächlich gäbe. Und wenn
schließlich die Tatsache, dass der Patient solch ein Verhalten zeigt,
positiv oder negativ beurteilt wird, dann sind wir auf der Ebene der
Bewertung. In der Therapie mag dies dann als nützlich erachtet werden, weil es Material zur therapeutischen Bearbeitung liefert, im beruflichen Alltag als störend, wenn es beispielsweise die Vorgesetz-
ten-Untergebenen-Beziehung beeinflusst.

1 Vgl. Simon (1995, S. 17 ff.).
2 Vgl. König (1998).

Die Unterscheidung zwischen Beschreiben, Erklären und Bewerten ist m. E. für Wissenschaftler wie für Therapeuten nützlich. In der alltäglichen Kommunikation mit der Kassiererin im Supermarkt oder dem Schalterbeamten bei der Bahn hingegen wäre es wahrscheinlich unpraktisch, diese drei Aspekte von Wirklichkeitskonstruktionen so klar zu trennen.

König: Nur haben Sie etwas ausgelassen, nämlich dass Sie vermutlich schon mit einem theoretischen Konzept rangehen. Das bekannte Beispiel: Ein Dichter sieht einen Wald anders als zum Beispiel ein Jäger oder Förster oder ein Holzhändler oder ein Geologe … Das wäre für mich eine Erklärung differenziellen Wahrnehmens. Erklärende Theorien *konstruieren* natürlich auch Erklärungen. Erklärungen, die wir vorher irgendwie gefunden haben. Die Interessenlage hat auch ihren Einfluss.

Simon: Wo immer wir die herhaben. Bei der Interessenlage kommt die Bewertung hinein.

Autopoiese

König: Ich habe ja mit einer analytischen Sichtweise begonnen. Meine Beschäftigung mit der Paartherapie hat bewirkt, dass ich mich für die systemischen Sichtweisen interessiert habe und in der Praxis oft zu systemischen Sichtweisen gekommen bin. Oder auf solche, die man dem Systemischen zuordnen könnte.
Beginnen wir mit dem Autopoiesekonzept. Vielleicht sagen Sie kurz, was Sie selbst darunter verstehen.

Simon: Wenn wir von „Autopoiese"[3] sprechen, so reden wir über eine Erklärung, nicht über beobachtbare Phänomene. Mit Autopoiese wird erklärt, dass bzw. wie Systeme – seien es biologische, psychische oder soziale – in der Lage sind, sich gegen ihre Umwelten abzugrenzen und diese Grenze durch ihre eigenen, internen Prozesse

---

3 Ein Begriff, der von Humberto Maturana und Francisco Varela (1975) geprägt wurde, um ein wesentliches Charakteristikum lebender Systeme zu bezeichnen: ihre Selbstkreation und -erhaltung. Er wurde dann auch auf andere, analog organisierte Systeme übertragen: die Psyche und soziale Systeme (vgl. Luhmann 1984; Simon 1988, 1990).

aufrechtzuerhalten. Wie die wörtliche Übersetzung des Wortes sagt, schaffen sich solche Systeme selbst.

König: Was heißt das, sie schaffen sich selbst?

Simon: Autopoiese ist eine Form der Selbstorganisation, die zur Entstehung abgegrenzter Einheiten führt. Doch diese Einheiten bleiben nur so lange existent oder am Leben, wie diese Prozesse ablaufen. Enden sie, so löst sich die Einheit auf.[4]

König: Okay.

Simon: Bezieht man das auf die Psyche als System, so wird deutlich, dass hier weit reichende Parallelen zu psychoanalytisch inspirierten Konzepten der Identitätsbildung und -erhaltung bestehen. Auch dies sind ja Konstruktionen von Erklärungen.[5]

Eng verbunden damit und ebenfalls aus psychoanalytischer Sicht von Bedeutung ist das Modell der „Strukturdeterminiertheit"[6]. Autopoietische Systeme sind demnach in ihrem Verhalten immer durch ihre internen Strukturen bestimmt. Ereignisse in der Außenwelt können sie zwar stören oder anregen („perturbieren" oder „irritieren"), wie das System aber darauf reagiert, hängt von seinen eigenen im Laufe seiner Geschichte gewachsenen Strukturen ab.

König: Wie das System reagieren wird, ist von außen nicht sicher prognostizierbar.

Simon: Wenn man als außen stehender Beobachter keinen direkten Zugang zum Inneren eines solchen Systems hat, so bleibt sein Verhalten im Prinzip unberechenbar. Dies ist es, was mit dem Begriff des „nichttrivialen Systems"[7] bezeichnet ist. Wendet man dieses ursprünglich biologische Konzept auf die Psyche an, so kann man sagen, dass das Verhalten eines anderen Menschen im Prinzip immer unvorhersehbar ist, da es dem Beobachter unmöglich ist, die Struk-

---

4 Siehe dazu ausführlich Simon (1990, S. 27 ff.).
5 Erikson (1959).
6 Ein weiterer von Humberto Maturana geprägter Begriff, vgl. Maturana (1975).
7 Vgl. Heinz von Foerster (1988).

tur der Psyche eines anderen Menschen zu beobachten. Ja, wenn man das Unbewusste mit einbezieht, so ist sogar das eigene Verhalten unberechenbar, da der Zugang zur eigenen psychischen Struktur normalerweise – wie der Name Unbewusstes ja sehr schön illustriert – verwehrt ist.

Autopoietische Systeme sind auch deswegen nicht hundertprozentig vorhersehbar, weil sie sich verändern können, wenn sie beobachtet werden. Das ist es, was in der Systemtheorie als Merkmal des nichttrivialen Systems bezeichnet wird. Ein solches System ist nie vollständig durch Überprüfung und Katalogisierung von Eingabe-Ausgabe-Relationen zu erfassen, da es in der Lage ist, seine inneren Zustände zu verändern. Das führt dazu, dass es bei der Eingabe X einmal mit Y, ein andermal mit Z, und ein weiteres Mal mit A antwortet. Sie erzählen einem Menschen eine Geschichte, das erste Mal reagiert er mit Betroffenheit, das nächste Mal amüsiert und das dritte Mal genervt.

König: Ja.

Simon: Man hört so nicht zweimal dieselbe Geschichte, weil man beim zweiten Mal nicht mehr derselbe Hörer ist. Nichttriviale Systeme sind geschichtsabhängig, sie verändern sich im Laufe ihres Lebens, sodass sie von außen nie vollständig erfassbar sind.

König: Ich stelle mal ein paar Thesen zur Autopoiese auf, so wie ich das Konzept sehe.

Zur Autopoiese im Sinne der Nichtbeeinflussbarkeit von außen sage ich: Menschen sind zwar nicht in einer *exakt vorhersehbaren Weise* zu beeinflussen, aber doch so, dass man ihre Reaktionen mit einem hohen Grad von *Wahrscheinlichkeit* voraussehen kann. Man wird in der Voraussage umso sicherer sein, je besser man den Betreffenden kennt und je empathischer man sein kann. Ich bin eigentlich selten in einer Therapiesituation von der Reaktion des Patienten überrascht.

Natürlich hat meine Voraussagegenauigkeit mit der Zeit zugenommen; sie beruht zu einem Großteil auf klinischer Erfahrung. Und ich verhalte mich nach bestimmten technischen Regeln, was die Situation vereinfacht. Immerhin: Daraus, dass ich selten überrascht bin, würde ich schließen, dass ich in meinen Therapien – unter den mit dem Patienten vereinbarten Bedingungen – ganz gute Vorhersagen machen kann.

Simon: Man könnte einen Menschen und sein Verhalten vollkommen berechnen, wenn man Zugang zu seiner inneren Struktur hätte. Dies ist aber für keinen Beobachter möglich, nicht einmal für den Selbstbeobachter. Was für den außen stehenden Beobachter beobachtbar ist, sind immer nur individuelle Verhaltensweisen. Da sie meist im Kontext von Interaktions- und Kommunikationssituationen erfolgen, beobachtet er de facto im Allgemeinen Interaktions- und Kommunikationsmuster. Die sind aber als soziale Systeme in ihren Spielregeln nie allein durch die Psyche eines einzelnen Teilnehmers bestimmt. Ob und wie sich jemand an solchen Spielen beteiligt, ist intern, d. h. psychisch, determiniert. Welche Spiele gespielt werden, kann hingegen nicht von ihm einseitig festgelegt werden.

König: Man kann bestimmte Spielregeln vereinbaren, auch in der Analyse. So kann man vereinbaren, dass sich der Analysand bemüht, die Grundregel zu befolgen, dass er alles sagen soll, was er denkt und fühlt.

Es gibt eine Determiniertheit von innen heraus und eine Determiniertheit von außen her. Und Sie würden sagen, von außen wie von innen kann man einen Menschen nie völlig berechnen.

Simon: Weil man sein Inneres nicht vollständig beobachten kann.

König: Also geht es um *vollständig*?

Simon: Genau. Wenn man einen vollständigen Zugriff zu seiner inneren Struktur hätte, könnte man ihn vorhersagen.

Das widerspricht aber nicht *Ihrer* psychoanalytischen Erfahrung. Ganz im Gegenteil. In dem Moment, wo Sie in der Lage sind, empathisch mitzuerleben oder nachzuerleben, wie der andere erlebt, dann haben Sie zwar immer noch keinen direkten Zugang zu seinem Inneren, aber Einfühlung und Verstehen sind Möglichkeiten, sich dieser inneren Struktur *anzunähern*. Insofern steht dies durchaus im Einklang mit der Systemtheorie. Das heißt, es braucht Sie nicht zu überraschen, dass Sie nicht überrascht sind von den Reaktionen ihrer Patienten. Wenn Sie lange Erfahrung haben und viele Patienten gesehen haben, ist das durchaus zu erwarten. Man kann sich ja einfühlen, man *modelliert die Psychodynamik des Patienten*, man re-konstruiert sie oder, besser gesagt, man konstruiert sie so, wie man meint, dass man sie selbst erleben würde, wenn man an seiner Stelle wäre.

Empathie ist aber immer auch eine Grenzverletzung. Ich sorge dafür, dass der andere berechenbar wird. Und wenn er das nicht sein will, muss er etwas tun, was mich überrascht.

Besonders wichtig ist aus systemtheoretischer Sicht die Unterscheidung von trivialen und nichttrivialen Systemen. Nichttriviale Systeme sind nicht vorhersehbar, weil sie im Laufe ihrer Geschichte ihre internen Strukturen verändern. Schon das Beobachtetwerden kann sie verändern. Das kann man für psychische Systeme sicher auch als gültig annehmen.

König: Ja.

Simon: Das heißt aber, je mehr es mir als Therapeut gelingt, mich in einen Patienten einzufühlen, umso mehr kann ich im Prinzip ihn bzw. seine Verhaltensweisen und Reaktionen vorhersehen. Das ist einerseits positiv, weil ich das im Interesse des Patienten nutzen kann. Es kann aber auch als Bedrohung vom Patienten erlebt werden. Die systemischen Ansätze sind ja ursprünglich in der Psychosentherapie entwickelt worden. Und dort ist Empathie mit der Gefahr der Grenzverletzung verbunden. Konsequenz systemischer Therapeuten ist, dass sie zwar ebenfalls ihre Empathie nutzen, aber anders.

König: Ja?

Simon: Man deklariert nicht, dass man den anderen versteht. Das Erleben des Verstandenwerdens ist ja eine ambivalente Angelegenheit. Verstanden zu werden kann einerseits gewünscht werden, aber das Nichtverstandenwerden ermöglicht andererseits ein Erleben des Abgegrenztseins.

König: Aus der Sicht des Patienten …

Simon: … aus der Sicht des Patienten. Systemiker erscheinen von außen teilweise als emotionale Klotzköpfe, die nicht einfühlungsfähig sind und nichts verstehen. Sie sind dadurch aber für eine bestimmte Art von Patienten – nicht für alle, wohlgemerkt – weniger

21

bedrohlich. Das hat etwas mit der Entstehung dieser Therapieansätze in der Psychosentherapie zu tun. Das heißt, gute systemische Therapeuten müssen ebenfalls in der Lage sein, Empathie zu entwickeln. Aber sie machen etwas anderes mit den Ergebnissen ihrer Empathie. Sie signalisieren nicht Verstehen, sondern sie handeln ihrer Empathie entsprechend. Und das kann eben auch das Signalisieren von Nichtverstehen sein.

König: Das kann sicher wichtig sein für Leute mit den so genannten Frühstörungen. Die kriegen Angst, dass man in sie hineingucken kann, weil ihre Grenzen so labil sind. Und wenn sie den Wunsch haben zu verschmelzen, haben sie andererseits Angst vor dem Verlust ihrer Identität. Ich glaube, bei der Psychose ist es technisch einfacher, weil man Psychosekranke ohnehin schwerer versteht. Bei Frühstörungen ist die Gefahr eher vorhanden, dass man sie zu sehr versteht. Es ist andererseits so, dass manche Psychosekranke relativ unabhängig davon, ob man sie versteht, die Fantasie haben, man würde sie verstehen und in sie eindringen.

Simon: Das kann ich nur bestätigen. Die gerade besprochenen Aspekte gehören für mich aber weniger zum Autopoiesekonzept, sondern eher zu dem eng damit verbunden Konzept der Strukturdeterminiertheit. Dass letztlich immer die internen Strukturen eines Systems bestimmen, wie es sich verhält. Was von draußen kommt, ist nur eine „Perturbation", d. h. eine Störung oder eine Anregung.

Innere Freiheit

König: Könnte man sagen, dass es radikalere Autopoiesekonzepte gibt und weniger radikale?

Simon: Nein, es gibt kein radikaleres Konzept als das der Strukturdeterminiertheit.

König: Ein weniger radikales vielleicht …

Simon: Nein, auch nicht. Es ist immer dasselbe. Alles, was passiert, ist innengesteuert. Das heißt, wenn ich an der roten Ampel stehen bleibe, dann ist das meine autonome Entscheidung. Aber es ist natürlich trotzdem höchst wahrscheinlich, dass ich das tue. Dennoch ist es absolut innengesteuert. Und man kann da nicht „mehr" oder „weniger" sagen, sondern es herrscht das Alles-oder-nichts-Prinzip.

König: Das ist von innen gesteuert, aber wenn man es von außen betrachtet, macht man ja doch die Erfahrung, dass ganz wenige Leute bei Rot durchfahren.

Simon: Und das ist ja die entscheidende Frage: Wieso tun sie das, obwohl sie eigentlich anders könnten?

König: Obwohl es andere Möglichkeiten gibt …

Simon: Ja, sie verzichten auf ihre Unberechenbarkeit, sie nutzen ihre Möglichkeiten nicht aus.

König: Sie nutzen die Handlungsspielräume, die Handlungsmöglichkeiten nicht aus, aus gutem Grund.

Simon: Aus gutem Grund. Aber das ändert nichts daran, dass sie es eigentlich könnten. Und deswegen braucht man keine Abstufung zwischen radikaleren und weniger radikalen Autopoiesekonzepten. Es gibt nur eines, und das folgt dem Alles-oder-nichts-Prinzip. Ein Individuum ist vollständig autonom. Aber man hat als Individuum gute Gründe, diese Autonomie so zu nutzen, dass man nicht aus dem sozialen System rausfällt oder auf der Kreuzung überfahren wird.

König: Diese Annahme wirklicher innerer Freiheit erinnert an Sartre, nicht?

Simon: Ja.

König: An den sartreschen Existenzialismus. Die innere Freiheit der Person ist bei Sartre ja ganz zentral, und viele nutzen aus seiner Sicht ihre Handlungsspielräume nicht aus.

Simon: Das sehe ich auch so.

Konzepte und Persönlichkeit

König: Ich überlege mir ja immer, welche Konzepte passen zu welcher Persönlichkeit. Platon wäre ein schizoider Philosoph. Er hatte die Vorstellungen, alles, was real existiert, sei eine schlechte Verwirklichung einer Idee. Einer Idee von einem Pferd, von einem Menschen, von einem Mann, von einer Frau. Der mehr zwanghafte Aristoteles wäre einer, der auf die Details geht und sich weniger mit Ideen beschäftigt. Die Zusammenhänge zwischen den Konzepten, die einer vertritt, und seiner Persönlichkeitsstruktur haben mich schon immer interessiert[8], jedenfalls so lange ich mich mit Therapie beschäftige.

Wenn man jetzt fragen würde, für welche Patienten sich ein bestimmtes Konzept eignet, dann könnte man ja sagen, dass der systemische Ansatz sich besonders für Patienten eignet, die um ihre Autonomie sehr besorgt sind. Vielleicht würden sich aber andere im Stich gelassen fühlen, die also mehr auf Außensteuerung aus sind. Also etwa phobische oder depressive Persönlichkeiten. Und dann könnte man modifizierend sagen, man arbeitet immer mit mehreren Konzepten. Sie arbeiten ja auch nicht nur mit dem Autopoiesekonzept, sondern auch mit anderen. Daraus könnte sich möglicherweise eine differenzielle Indikation für Konzepte ergeben, die man im konkreten Fall seinem therapeutischen Verhalten zugrunde legt.

Simon: Ich glaube andererseits, dass man nach dem eigenen Konzept oder Konzeptrepertoire eine Auswahl der Patienten betreibt, aber auch, dass man sich die Konzepte aussucht, die zu einem selbst passen. Ich könnte relativ genau benennen, welchen Patienten ich eher aus dem Wege gehe, oder welche keinen Termin bei mir bekommen.

König: Sagen Sie es mal, wir können es ja dann rausschneiden.

Simon: Also, mit Depressiven arbeite ich nicht gerne und wohl auch nicht gut. Das hat natürlich immer – da haben Sie vollkommen Recht – mit dem Therapeuten zu tun. Ich verstehe einfach Leute besser, denen Autonomie wichtig ist. Patienten, die eine weiche, haltende oder tragende Umgebung suchen, sind bei mir schlecht aufgehoben.

8 Vgl. z. B. König (1973; 1993; 2001a).

24

Insofern suche ich mir natürlich auch die Konzepte und Methoden, die meine Art der Therapie legitimieren, und das mag auf Kosten der Bandbreite der behandelbaren Patienten gehen.

König: Bei mir ist es, glaube ich, so: Mit Leuten, die keine Initiative haben, was ja bei den Depressiven oft der Fall ist, und alles von außen erwarten, habe ich Probleme. Wenn das Depressive mit anderen Anteilen verbunden ist, etwa hysterischen oder zwanghaften, wird es für mich genießbarer. Ich glaube, die reinen Strukturen sind immer problematisch – oder die weitgehend reinen. Mit Zwanghaften kann ich in der Therapie besser umgehen als im Privatleben. Im Privatleben können Sie mich jagen mit den Umständlichen.

Simon: Ja, das müsste man auch noch mal betrachten: den Unterschied, wie man mit Menschen im Privatleben und in der Therapie umgeht. Und ich denke, wir müssten auch noch mal nach dem Unterschied schauen zwischen der Arbeit mit Einzelnen oder mit größeren Systemen, Familien, Paaren usw. Denn das sind ja aus einer kommunikationstheoretischen Sicht ganz verschiedene Systeme. In der Zweiersituation der Psychotherapie gibt es nur eine Beziehung und ein Interaktionssystem, die beobachtet werden können: die Therapeut-Patienten-Beziehung und -Interaktion. In der Paartherapie können Sie als Therapeut die Paarinteraktion gewissermaßen von außen beobachten, in der Familientherapie die Interaktion zwischen verschiedenen Familienmitgliedern, zwischen den Eltern, den Geschwistern, Eltern und Kindern, Vätern und Töchtern, Müttern und Söhnen usw. Die Beziehung zum Therapeuten tritt so zwangsläufig in den Hintergrund. Sie verliert, gemessen an den beobachtbaren Alltagsbeziehungen, an Bedeutung. Und damit verliert auch die Analyse von Übertragungs- und Gegenübertragungsreaktionen an diagnostischer Wichtigkeit. Man muss sich einfach andere Gedanken darüber machen, wie wohl die Beziehung eines Patienten zu seiner Mutter oder seinem Vater sein mag, wenn man allein aufgrund der eigenen Erfahrung mit dem Patienten seine Hypothesen entwickeln muss, als wenn man die Beteiligten in der gemeinsamen Interaktion beobachten kann.

DIAGNOSEN

Simon: Wozu brauchen Sie Diagnosen?

König: Ich? Ich meine, dass eine Diagnose schon einen Wert haben kann. Wenn ich zum Beispiel sage, dieser Mann oder diese Frau hat Merkmale einer bestimmten Struktur, meinetwegen einer hysterischen oder einer histrionischen Struktur, dann kann ich gucken: Hat er auch noch andere zu dieser Struktur gehörende Merkmale, oder hat er die nicht? Die Diagnose hat also einen heuristischen Wert.

Es hat auch einen Wert, dass ich Symptomdiagnosen mache. Hat jemand eine phobisch verarbeitete Angst, die nicht mehr da ist, wenn er die Angstsituationen meidet? Oder da gibt es die Regel: Jemand mit vielen Symptomen hat meist eine brüchige Abwehr, jemand mit nur einem Symptom hat meist eine rigide Abwehr. Wichtig ist auch, wenn man den Sachverhalt A kennt, öffnet die Kenntnis dieses Sachverhalts den Blick für andere Sachverhalte.

Diagnosen haben natürlich auch Nachteile, weil man sagen kann: Dieser Patient hat das Merkmal A1, also *muss* er die Merkmale A2, A3, A4 haben. Der Wert einer Diagnose hängt von ihrem Gebrauch ab. Sie kann auch dazu führen, dass man die Patienten in ein Prokrustesbett presst.

Simon: Ich sehe das ähnlich. Viele Leute im systemischen Feld sehen nur diesen negativen Aspekt, wie Sie ihn ausgeführt haben. Diese Gefahr ist mit dem Stellen von Diagnosen sicherlich verbunden. Auf der anderen Seite glaube ich aber, dass eine Diagnose sehr sinnvoll sein kann, wenn man die Unterscheidung zwischen „beschreiben", „erklären" und „bewerten" berücksichtigt. Man sollte Diagnosen im psychotherapeutischen Kontext als Beschreibungen beobachtbarer Phänomene verstehen. Schwierig wird es, wenn man die Diagnosen gleich mit einer Erklärung verknüpft. Dann wird es, denke ich, sogar sehr gefährlich. Auch wenn man aus einem Symptom auf das Vorhandensein anderer Symptome schließt, ohne diese Annahme ausreichend zu überprüfen. Wenn dieses Phänomen gegeben ist, dann muss auch jenes und jenes und jenes … da sein.

Was wir als Systemiker tun, ist, dass wir phänomenologische Diagnosen mit bestimmten Kommunikationsmustern zu verknüpfen suchen.

König: Und dann diagnostizieren Sie diese Kommunikationsmuster.

Simon: Ja, über das Modell kann man sich natürlich streiten, etwa wenn wir sagen: Hier sehen wir ein psychosomatisches Kommunikationsmuster in der Familie. Den Begriff Muster finde ich ganz gut, weil er deutlich macht, dass da nichts ist, was eine ontische Qualität im Sinne der Unveränderbarkeit hat. Muster kann man auch verändern. Familien ändern ihre Interaktions- und Kommunikationsmuster womöglich von Situation zu Situation. Aber die Frage ist: Was sind die überwiegend praktizierten Kommunikationsmuster, und wie sind sie mit bestimmten Phänomenen verknüpfbar, mit bestimmten Symptomen?[9]

Dadurch wird noch keine Kausalität konstruiert, sondern das ist rein auf der beschreibenden Ebene zu sehen. Wenn man Verknüpfungen herstellt, dann ganz im Sinne eines heuristischen Verfahrens, wie Sie es erwähnt haben. Man kann aus den Befunden auch Hinweise ableiten, wie man intervenieren soll. Sehe ich ein Psychosemuster, dann weiß ich, bestimmte Sachen sollte man besser nicht tun, während andere sich einfach bewähren.

Wenn man das ganz unter pragmatischen Gesichtspunkten sieht, auf der beschreibenden Ebene bleibt und mit der Diagnose nicht ein ganzes Krankheitsmodell kauft, weder ein psychoanalytisches noch ein biologisches noch irgendein anderes, finde ich Diagnosen sehr hilfreich. Sie dienen der Kommunikation unter Kollegen, man weiß, worüber man überhaupt redet.

König: Das finde ich auch einen wichtigen Aspekt, dass man sich schnell verständigen kann. Was dann natürlich die Gefahr mit sich bringt, dass man zu schematisch wird.

In Hamburg gab es einmal einen Psychiater, Bürger-Prinz, der hat so gut wie alles als endogene Depression diagnostiziert. Das kann ja nur dadurch möglich sein, dass er bestimmte Merkmale anders bewertet hat. Ich glaube nicht, dass er völlig neue Merkmale erfunden hat. In den USA stellt man die Diagnose Schizophrenie häufiger. Dieser Mangel an Reliabilität hat ja zur Einführung der Diagnostik-Manuale geführt.

9   Vgl. dazu ausführlich Simon (1988; 1995).

Simon: Auf jeden Fall sind wir, glaube ich, was die Diagnose und ihren heuristischen Wert angeht, eher einer Meinung.

König: Wobei ich jetzt doch die Frage hätte: Wenn Sie ein Muster finden, zum ersten Mal, bleiben Sie dann auf der Ebene der Beschreibung?

Simon: Ja. Ich versuche es zumindest.

König: Aber wenn Sie es öfter finden, dann sagen Sie etwa, dieses Muster kommt in Familien mit einem Schizophrenen vor, und dieses Muster nenne ich nun schizotypisches oder schizophrenes Muster? Da entsteht der Bezug zum Krankheitsbild, und Sie kreieren eine Typologie.

Simon: Ja, aber das hat natürlich damit zu tun, wie man in Kontakt mit solch einem Muster kommt. Als Therapeut hat man ja meist mit Patienten und ihrer Familie oder einer Klinik zu tun und kann dann auch, wenn man viele sieht, solche Kommunikationsmuster miteinander vergleichen. Aber es können auch bestimmte Krankheitsbilder sein, aufgrund deren der Kontakt zum Therapeuten zustande kommt.

In unseren Forschungsprojekten mit psychotischen Patienten und ihren Familien waren es quasi staatlich geprüfte manisch-depressive oder schizophrene Patienten, die schon viele diagnostische Prozesse und eine lange Patientenkarriere hinter sich hatten.[10] Dann liegt es nahe, Symptome und Kommunikationsmuster miteinander zu verknüpfen. Ob das Ursache oder Wirkung ist, darüber kann man sich natürlich streiten.

König: Jedenfalls sieht man eine Relation.

Interventionen

Simon: Lassen Sie uns die systemische und die psychoanalytische Konzeptualisierung von Veränderung vergleichen. Welche Folgen haben sie für die Art therapeutischen Intervenierens?

10 Vgl. Simon (1998).

28

König: Das interessiert mich auch. Wie interveniert man, was kommt dabei raus. Was erwartet man, und was kommt anderes raus. Veränderungskonzepte in Bezug zu den realen Interventionen und ihren Folgen. Manche Interventionen dienen ja auch der eigenen inneren Entlastung des Therapeuten. Sie können dann trotzdem wirksam sein oder aber schaden.[11]

Simon: Vielleicht bleiben wir erst mal beim Interventionsthema? Das ist für mich eng mit der Frage verbunden, was überhaupt Veränderung bewirkt – im Positiven wie im Negativen. Im Negativen haben wir das Gegenteil von einer therapeutischen Intervention; wenn wir am Wortstamm bleiben, eine kränkende Intervention oder eine, die jemanden aus der Bahn wirft. Da steckt natürlich die Idee dahinter, dass man das überhaupt tun könnte.

König: Ich glaube, man tut es und sagt, dass es nützt. Eine Konfrontation hat ja oft einen kränkenden Aspekt, und trotzdem konfrontiert man, weil man denkt, dass man nicht darum herumkommt, dass man etwas eben ansprechen muss. Das kann kurzfristig kränkend sein, wird aber durch die mittelfristigen und langfristigen Erwartungen gerechtfertigt …

Simon: … die man selber damit verbindet. Wobei das eben nicht eindeutig steuerbar ist. Man weiß vorher wirklich nicht genau, was als Folge einer Intervention passiert, obwohl man seine Erfahrungen macht und daher weder ahnungs- noch harmlos ist.

Wenn wir die Konzepte betrachten, so ist aus systemtheoretischer Perspektive klar, dass wir durch unsere Interventionen eine Perturbation, eine Irritation, eine Verstörung, Störung, Anregung – oder wie immer unterschiedliche Autoren das zu nennen bevorzugen – setzen. Aber was die anderen dann daraus machen, das liegt nicht in unserer Kontrolle. Es ist oft genug überraschend, wie sie dann darauf reagieren.

König: Das mit der Überraschung, das ist auch etwas, was mich interessiert. Ich habe für die Lindauer Psychotherapiewochen einmal ein Seminar angemeldet: „Was tun wir, wenn wir intervenieren?"

11 Vgl. König (2001 a).

Dann habe ich nach Beispielen gesucht und große Mühe gehabt, welche zu finden, bei denen man wirklich auf den ersten Blick erkennt: Das war vielleicht nicht zweckmäßig oder nicht gut für den Patienten. Oder: Ich habe etwas anderes beabsichtigt, als der dann verstanden hat, und dann sagt man ja oft: Der Patient hat mich missverstanden. Aber es ist, glaube ich, schwer, das immer gleich zu erkennen.

Simon: Ich bin schon oft überrascht über die Reaktionen, die ich bei Patienten auslöse, das kann ich sagen. Mir sagen manchmal Patienten, dass irgendetwas für sie unheimlich wichtig war, was ich gesagt oder gemacht habe, und ich erinnere mich überhaupt nicht daran, schon gar nicht an eine therapeutische Intention.

Ich spreche etwas an oder stelle eine Frage, all das sind Interventionen. Aber welche Bedeutung dem gegeben wird und ob es nützlich ist oder nicht, kann ich nicht voraussagen oder nur in begrenztem Maße. Da bin ich häufig überrascht davon, was alles als nützlich erlebt wird oder sich als nützlich herausstellt. Dinge, von denen ich gar nicht ahne, dass sie nützlich sein könnten.

Wahrscheinlich wäre ich auch überrascht davon, was sich als schädlich erweist. Aber das wird mir offenbar nicht in gleichem Maße erzählt, oder ich ziehe es vor, es nicht zur Kenntnis zu nehmen …

Ich will Ihnen ein Beispiel für überraschende Nützlichkeit geben: Es war in einer Paartherapie, nach etlichen vorausgegangenen Sitzungen fand die letzte Sitzung vor den Ferien statt. Ich war furchtbar gelangweilt und angeödet von diesem Paar, da sich aus meiner Sicht nichts bewegt hatte. Ich habe es aber nicht ausgesprochen, sondern versucht, irgendwie über die Stunde zu kommen. Nach den Ferien kam dieses Paar wieder, und es hatte sich unheimlich viel geändert. Als ich fragte: „Was ist passiert?", sagten sie mir: „Ja, also, bei der letzten Sitzung, irgendwie hatten wir den Eindruck, Sie waren so gelangweilt und waren so angeödet, dass wir dann im Urlaub gesagt haben: Jetzt haben wir da sieben oder acht Sitzungen verbracht, und es ist alles genau wie beim ersten Mal. Es hat sich nichts getan. Und dann haben wir angefangen, ganz viel zu tun. Und es hat sich sehr viel verändert."

Also, um das klar zu sagen, ich habe keine bewusste Intervention vorgenommen. Und ich habe es bisher auch nicht kultivieren können, gezielt gelangweilt zu wirken. Aber auch das ist ein Beispiel dafür, dass manchmal nicht das als Intervention wirkt, von dem man es denkt, sondern etwas ganz anderes.

Da ist für mich immer wieder so ein Wundertüteneffekt. Trotzdem ist solch eine Wirkung ja nicht zufällig. Denn wenn da jemand anders gelangweilt ausgesehen und gewirkt hätte, hätte es wahrscheinlich keine therapeutische Wirkung gehabt. Das Setting, dass ich es war als Therapeut und so weiter … und dass Therapie mit der Erwartung an Veränderung verbunden ist, hat meinem gelangweilten Gesichtsausdruck diese schlagkräftige Wirkung verliehen. Es war der Kontext, der da entscheidend mitbestimmt hat.

König: Der Kontext … Nun, ich glaube, mir fallen jetzt auch solche Dinge ein, zum Beispiel aus meiner eigenen Lehranalyse. Mein Analytiker hat vor Beginn einer Stunde nach irgendeinem Wort gefragt, danach, wie es geschrieben wird. Ich glaube, es war der Tiername Boa constrictor. Ich habe es ihm gesagt. Die Stunde fing dann mit irgendeinem anderen Thema an. Es war überhaupt nie mehr davon die Rede. Trotzdem hat das für mich eine Bedeutung gehabt, die, glaube ich, erst einmal damit zusammenhing, dass die Frage ungewöhnlich war. Ich konnte das nicht in irgendein Therapeutenverhalten einordnen, wie ich es erwartet hätte. Vielleicht hat ja auch Ihr Gelangweiltsein deswegen einen so großen Eindruck gemacht, weil man als Patient von der Vorstellung ausgeht, der Therapeut sollte immer interessiert sein.

Ich erinnere mich noch an eine alte Geschichte von einer Analytikerin, die in den Fünfzigerjahren eine bekannte Lehranalytikerin war. Sie behandelte einen Zwangsneurotiker, und der benutzte dasselbe Klo wie sie, weil die Praxis nicht von der Wohnung getrennt war, und er beschäftigte sich, stagnierend, Stunden um Stunden mit diesem Klo: wie das nun sei, wenn die Analytikerin auf diesem Klo sitzt und Stuhlgang hat. Die sagte schließlich: Na, wahrscheinlich scheiße ich ebenso wie andere Menschen. Damit ging sie aus ihrer Analytikerinnenrolle hinaus, und das repetitive Verhalten des Patienten war unterbrochen, die Analyse ging weiter.

Simon: Sie sagen, es war unterbrochen. Das ist ja aus systemischer Sicht ein wesentlicher Aspekt von Veränderung. Oder einer, der theoretisch als wichtig für Veränderungen erachtet wird: dass Muster unterbrochen werden. Muster im Sinne von affektiv-kognitiven

Mustern oder auch Interaktions- und Kommunikationsmustern, Prozessen, die immer wieder zum Ausgangspunkt zurückführen; bei denen die Prämissen zu Konsequenzen führen, die wiederum die Prämissen bestätigen. Es ist ja diese zirkuläre Schließung, die dafür sorgt, dass irgendein Phänomen stabil bleibt, eine Partnerbeziehung oder ein Symptom, was auch immer. Stets haben wir diese konsistenten, widerspruchsfreien Strukturen: Folgerungen, die ihre eigenen Prämissen bestätigen. Es gibt keinen Grund, irgendetwas zu ändern, weil die Vorannahmen des eigenen Handelns bestätigt werden. Erst wenn diese zirkulären Prozesse unterbrochen werden, kann etwas Neues passieren. Dann muss etwas Neues passieren, weil der Kreis sich nicht schließt.

Die Frage ist, wie kann man solche Unterbrechungen gezielt erreichen. Es gibt Therapeuten aus dem systemischen Feld (im weitesten Sinne), die sagen, man muss in der Therapie nur „irgendetwas Störendes" machen. Der Patient wird sich schon auf die Suche begeben, um dem Ganzen einen Sinn zu geben. Und wenn es ihm nicht gelingt, dies in die schon bestehenden Muster einzuordnen, dann muss er kreativ etwas Neues erfinden – eine neue Interpretation, eine neue Wirklichkeitskonstruktion, eine neue Verhaltensweise –, und damit ist das Muster bereits infrage gestellt.[12]

König: Das ist eine Sichtweise, die ich ein bisschen optimistisch finde. Dass er kreativ etwas Neues schafft …

Simon: Ich finde das auch sehr optimistisch.

König: Er kann ja neuen Unsinn machen.

Simon: Genau. Die Tatsache, dass ich eine alte, stabile Funktion ad absurdum führe, hat ja nicht unbedingt zur Folge, dass eine sinnvollere neue entsteht. Da gebe ich Ihnen Recht.

Trotzdem glaube ich, dass eine Musterunterbrechung häufig die Voraussetzung dafür ist, dass etwas Neues entstehen kann. Diese Muster sind ja immer Problemlösungen. Der Zwangsneurotiker mit

12 Als Beispiel sei hier die Mailänder Gruppe (vgl. Selvini Palazzoli et al. 1975) mit ihren Arbeiten der 70er Jahre genannt und auch, teilweise, Steve de Shazer (1989).

dem Klo wird wahrscheinlich versucht haben, irgendein Problem zu lösen, indem er sich mit diesem Klo beschäftigte. Und wenn ich ihm diese Lösung kaputtmache, heißt es noch nicht, dass er ein bessere oder weniger destruktive entwickelt. Vielleicht entwickelt er sogar eine sehr viel weniger bekömmliche. Aber ich kann ihm zumindest irgendeine neue Idee nahe bringen, eine neue Lösung.

Ich denke, eigentlich muss man beides miteinander koordinieren: die alten Muster unterbrechen und neue Möglichkeiten anbieten ... nicht eine, sondern viele, das ist dann ein Anbieten von Ideen, eine Eröffnung von Optionen.

König: Das würden Sie aber doch zusammen sehen? Das Unterbrechen der Muster und das Anbieten von Optionen?

Simon: Ja. Ich würde es erst mal in einem zeitlichen Zusammenhang sehen. Die Hypnotherapeuten haben das ja methodisch verfeinert. Sie gehen davon aus, dass es eine Phase gibt, in der man über eine Konfusionstechnik die alten Muster stören muss, um den Betreffenden für Suggestion zu öffnen. Mir scheint das von der Logik von Veränderungsprozessen her sehr stimmig; dass man die sich selbst bestätigenden Muster unterbricht und so die Chance oder auch den Bedarf schafft, etwas Neues zu suchen; weil das Alte nicht mehr als Problemlösung zur Verfügung steht, nicht mehr Halt gibt usw. ...

König: Mir fällt dazu die Geschichte mit dem Balint-Purzelbaum[13] ein. Dass Balint eine Patientin hatte, die keinen Purzelbaum schlagen konnte. Wahrscheinlich kennen Sie die Geschichte.

Simon: Ich habe sie schon mal gehört, aber erzählen Sie ruhig, die passt ja gut hier rein.

König: Die Patientin konnte keinen Purzelbaum schlagen, weil sie sich nicht traute, den Kontakt ihrer Füße mit dem Boden aufzugeben. Nach vielen Stunden erwähnte sie das. Da fragte Balint: Und jetzt? Die Patientin stand auf und schlug einen Purzelbaum auf dem Teppich.

13 Vgl. Balint (1968).

Ich denke mir, die Frage „Und jetzt?" war eine Intervention, die im Kontext einer klassischen Analyse nicht ganz ungewöhnlich war. Die Patientin hätte natürlich sagen können: Ich weiß es nicht, oder: Ich müsste es mal probieren. Der Purzelbaum im Hier und Jetzt war ein kreativer Akt der Patientin, wenn man so will.

Simon: Sie hat den Analytiker beim Wort genommen. Das war das Kreative.

König: Sie verstand vielleicht: „Probier mal!"

Simon: Sonst wird über das Purzelbaum-Schlagen wahrscheinlich eher geredet in der Analyse, als dass wirklich Purzelbäume geschlagen werden.

König: Natürlich. Wenn meine Patienten Purzelbäume schlagen würden, würde mich das wahrscheinlich irritieren, denke ich. Weil ich es nicht erwarte. Wenn ich so etwas sagen würde wie: „Und jetzt?", dann würde ich erwarten, dass der Patient etwas antwortet. Aber aus dem Zusammenwirken einer ungewöhnlichen Intervention und eines unerwarteten Interpretierens der Intervention durch die Patientin entstand etwas Neues.

Simon: Ich glaube, da kam etwas Spielerisches hinein. Mich erinnert das an einen Hauch von Flirt, ein Austesten. Man müsste mal schauen, ob das nicht ein wichtiger Aspekt von Therapie ist. Und das Unerwartete machen ist etwas, was auf beiden Seiten Wirkung hat. Auch Patienten machen ja oft etwas Unerwartetes, um den Therapeuten zu überraschen.

PARADOXE INTERVENTIONEN

Simon: Noch etwas zum Musterunterbrechen: Auch die so genannten paradoxen Interventionen dienen ja letztlich dazu, Muster zu unterbrechen.[14] Die Frage ist allerdings, ob es wirklich Interventionen gibt, die im logischen Sinne paradox sind. Im Allgemeinen wird darunter ja nur verstanden, dass der Therapeut etwas macht, was

14 Vgl. Selvini Palazzoli et al. (1975) und Watzlawick et al. (1974).

man von ihm nicht erwartet: wenn er beispielsweise ein Symptom positiv bewertet oder dem Patienten oder der Familie rät, nichts zu verändern oder gar ein als problematisch bewertetes Verhalten zu verstärken.

All das würde ich nicht paradox nennen. Auch hier geht es darum, das automatische Wiederholen eines Interaktionsmusters oder einer selbstverständlichen Bewertung infrage zu stellen; man könnte auch sagen: die Kontinuität des Wiederholungszwanges zu unterbrechen.

Ich kenne eigentlich nur zwei wirklich paradoxe Interventionen im logischen Sinne der Paradoxie. Von der ersten hat Paul Watzlawick öfter gesprochen. In einer Therapiegruppe erklärt eine Frau, sie könne nicht Nein sagen. Der Therapeut fordert sie darauf hinauf, jedem in der Gruppe etwas abzuschlagen, d. h. Nein zu jedem sagen. Und sie sagt: Nein, das kann ich nicht! Schon hatte sie es gekonnt. Der Therapeut hat eine logische Falle aufgebaut: Wenn sie seiner Aufforderung folgt, dann sagt sie Nein, wenn sie sie zurückweist, hat sie Nein gesagt. Auf beiden Seiten der Unterscheidung findet sich dasselbe, Nein bedeutet Ja, Ja bedeutet Nein und das ist ein Merkmal der Paradoxie.

Die meisten so genannte paradoxen Interventionen sind aber eher überraschend, so wie wir das vorhin besprochen haben. Nicht paradox im logischen Sinne, nur unerwartet.

Die zweite mir bekannte im Sinne der Logik paradoxe Intervention haben mein Heidelberger Kollege Gunther Schmidt und ich vor langer Zeit einmal in einer Therapie vorgenommen.

Da kam eine Familie von weither aus Norddeutschland zu uns nach Heidelberg in die Therapie. Die Mutter hatte einen langen Brief geschrieben, sie habe das Buch *Paradoxon und Gegenparadoxon* von Mara Selvini Palazzoli und ihren Mailänder Kollegen[15] gelesen, und sie sei zu dem Schluss gekommen, dass sie eine Familie seien, die eine paradoxe Intervention brauche.

Wir machten ein ganz normales Interview mit der Familie: Mutter, Vater und Sohn. Der Sohn erschien uns psychosegefährdet, soweit man so etwas überhaupt prognostisch beurteilen kann. Die Einschätzung bezog sich auf unser Erleben der Kommunikationsstruktur der Familie.

15 Selvini Palazzoli et al. (1975).

Wir hatten erst einmal eineinhalb Stunden Gespräch und unterbrachen dann die Sitzung. In der Pause danach fiel uns wieder ein, dass die Familie ja eine paradoxe Intervention haben wollte. Wir hatten vorher nicht darauf Bezug genommen. Wir fühlten uns nur in der Klemme. Was immer wir sagen würden, es bestand die Gefahr, dass es als paradoxe Intervention gewertet würde. Die wollten sie ja haben. Da beschlossen wir, uns zu spalten – ich bin heute noch stolz auf diese Idee: Wir sind zurück in den Therapieraum gegangen und sagten zunächst etwa Folgendes: „Uns ist eingefallen, Sie wollten von uns eine paradoxe Intervention haben. Wir konnten uns nun nicht einigen, ob wir ihnen eine paradoxe Intervention geben sollen oder nicht. Das ist ja eine heikle Geschichte, so eine paradoxe Intervention. Und da wir uns nicht einigen konnten, machen wir das jetzt so: Der Herr Schmidt sagt Ihnen, was wir wirklich denken, und ich gebe Ihnen eine paradoxe Intervention."

Und dann … haben wir beide dasselbe gesagt.

Wir haben mit dieser Intervention Unentscheidbarkeit eingeführt: Wie meinen die Therapeuten das, wie meinen die das nicht? Und diese Einführung von Unentscheidbarkeit ist etwas, was ich, nebenbei gesagt, aus systemischer Sicht für eine der spannendsten Formen von Intervention halte. Gerade im Sinne des Optioneneröffnens. Wenn wir von Mustern ausgehen, die jemand wiederholt, gibt es ja meist zwei Möglichkeiten: Im ersten Fall werden sie infrage gestellt; jemand macht ein bestimmtes Beziehungsangebot und schickt eine Einladung zu einer bestimmten Art von Beziehung aus; und dann wird die Einladung entweder angenommen, der andere steigt ein in das Muster. Der eine zeigt sich zum Beispiel hilfsbedürftig, und ein freundlicher Mitmensch hilft ihm über die Straße. Oder aber das Beziehungsangebot wird zurückgewiesen. Nach dem Motto: Schon wieder so einer, der versucht, von mir über die Straße gebracht zu werden; bei mir nicht, das kannst du bei anderen machen!

Beide Reaktionen sind dem Betreffenden aus seiner Vorerfahrung vertraut. Da hilft es nur, etwas Drittes einzuführen, das logisch unentscheidbar ist: Ist es nun eine Annahme dieses Beziehungsangebots oder eine Ablehnung? Solche Intervention finde ich sehr nützlich. Ihre Bedeutung kann nicht ohne weiteres eingeordnet werden. Das löst bei den Betreffenden nicht nur Überraschung und Unsicherheit, sondern sehr viel Kreativität aus. So wie Sie über die Boa constrictor wahrscheinlich nachgesonnen haben oder sinniert haben. Was sie wohl zu bedeuten hat …

Mit dieser Familie ist dann übrigens unheimlich viel passiert. Der Sohn ist wieder zu den Eltern zurückgezogen. Die Mutter hat den Vater verlassen und ist mit einer Freundin und 180 000 DM des Arbeitgebers nach Spanien durchgebrannt … Auf jeden Fall ist der Sohn nicht in die Psychiatrie gegangen und nicht psychotisch geworden. Die Mutter ist, als das Geld weg war, auch wieder zum Vater zurückgekehrt. Das hat ein paar Jahre gedauert, aber es ist viel passiert.

Auf das alles hatten wir uns natürlich nicht eingestellt, es war auch nicht unsere Absicht, die Mutter mit 180 000 DM nach Spanien zu schicken. Das ist eine dieser überraschenden Wendungen.

König: Ich hänge jetzt noch an dieser Erfahrung mit der Boa constrictor, an dem was ich damals daraus gemacht habe. Sie vermuten, dass ich viel darüber nachgedacht habe. Das war, glaube ich, nicht der Fall. Es muss nicht immer diese Wirkung haben, dass man viel nachdenkt, sondern ich habe den Eindruck gehabt, der nimmt mich ernst. Ich bin jemand, der ihm eine Information geben kann.

Ich fand es positiv, dass er etwas nicht wusste, das zugab und mich fragte. Ich glaube, das hat etwas an der Beziehung verändert.

Simon: Es war nicht mehr so eine einseitig komplementäre Beziehung, in der er der Kompetente war und Sie der Inkompetente, sondern die Beziehung war umgedreht? Zumindest einen Moment lang …?

König: Er hat das beabsichtigt oder in Kauf genommen.

Simon: Er hat die Beziehungsdefinition auch begrenzt. Nach dem Motto: Diese Art von Beziehung, die wir jetzt hier haben, ist auf das bezogen, was in der Lehranalyse geschieht. Wichtig ist aber auch, den Rest der Welt, sprich die Boa constrictor, nicht aus dem Blick zu verlieren.

König: Wobei da noch interessant ist, warum es gerade die Boa constrictor sein musste.

Simon: Würde mich interessieren, wie Sie dahin gekommen sind.

König: Wer?

Simon: Ja, wer? Womöglich haben sie ihn ja dahin geschubst.

König: In der Stunde nicht, es war zu Beginn einer Stunde, ich stand noch. Höchstens in der vorangegangenen Stunde.

Simon: Wahrscheinlich hat er in der Pause gerade Kreuzworträtsel gelöst.

König: Es ist schon interessant. Aus der psychoanalytischen Perspektive würde man sich eher fragen, warum eine Schlange und warum die Boa constrictor, eine würgende Schlange, die Kaninchen frisst und all so Sachen. Aber das war für mich in dem Moment nicht so wichtig wie die Beziehungsdefinition, die er gegeben hat.

Simon: Das würde ich aus systemischer Sicht auch so sehen. Der Analytiker macht ein Beziehungsangebot, bei dem er in die unterlegene, nichtwissende Position geht. Er fragt und akzeptiert Sie in der Position des möglicherweise Wissenden.

Da gibt es einen weiteren Unterschied zwischen systemischer und psychoanalytischer Sichtweise. Systemiker sind nicht so sehr an Inhalten interessiert, sondern eher an diesen formalen Aspekten.

König: An Beziehungsmerkmalen, könnte man sagen, die nicht nur formal sind, sondern wieder bestimmte Bedeutungen oder Inhalte haben.

Negative therapeutische Reaktionen

König: Es gibt aber auch ungewöhnliche Reaktionen auf gewöhnliche Interventionen. Etwa das, was man als negative therapeutische Reaktionen bezeichnet. Man erwartet, dass es dem Patienten auf eine Intervention hin besser geht, und das ist nicht der Fall. Das heißt, man hat das Übliche getan, es bewirkt aber nicht das Übliche, sondern das Gegenteil vom Üblichen. Ich finde das schon spannend. Ich muss aber sagen, dass ich selbst solchen negativen therapeutischen

Reaktionen selten begegnet bin. Und ich frage mich, warum passiert das den einen Therapeuten häufiger, den anderen seltener? Das kann natürlich damit zusammenhängen, dass ein Therapeut seine Patienten entsprechend auswählt, ohne immer zu wissen, nach welchen Merkmalen er sich richtet. In der von Freud ursprünglich gegebenen Formulierung ist es ja so, dass er etwas vermischte, nämlich dass der Therapeut sagt: Jetzt geht es schon besser, oder so ähnlich, und damit einen Erfolg benennt, an dem er als Therapeut beteiligt ist, oder aber, dass ein Therapeut eine plausible Deutung gibt, die sonst positive Wirkungen haben würde, und es dem Patienten danach schlechter geht. Wenn der Therapeut aber einen Fortschritt für sich in Anspruch nimmt, kann der Patient aus verschiedenen Gründen motiviert sein, es sich schlecht gehen zu lassen, etwa weil er dem Therapeuten den Erfolg nicht gönnt.

Simon: Ich denke auch, da scheint die Gefahr zu bestehen, dass die Intervention nur auf der inhaltlichen Ebene gesehen wird und nicht im Kontext der Beziehung. Was Sie jetzt beschrieben haben, ist ja eine Art Machtkampfinterpretation vonseiten des Patienten. „Du willst dir das Verdienst zuschreiben, dass es mir gut geht, ätsch, das gönne ich dir nicht!", um es sehr platt auszudrücken. Ich denke, gerade bei Patienten mit massiver Autonomieproblematik ist diese Gefahr immer da. Wie schafft man es, sinnvoll in einer Art und Weise zu arbeiten, dass der Patient trotzdem sich den Erfolg zuschreiben kann und nicht in eine Dankbarkeits- und Abhängigkeitspflicht dem Therapeuten gegenüber gerät?

König: Wobei ich meine, dass es wohl eigentlich überall in Therapien so ist, dass der Erfolg zumindest zwei Väter hat.

Simon: Das glaube ich auch. Aber die Frage ist ja, welche Art von Vaterschaft kann der Patient akzeptieren?

König: Zum Beispiel die gemeinsame.

Simon: Wenn er das kann, ist es ja gut. Ich kenne aber durchaus Patienten, denen Unabhängigkeit ganz wichtig ist und die eine paradoxe Aufforderung geben: „Hilf mir, aber wehe, du hilfst mir!" Und da, denke ich, wird es schwierig, so zu lavieren, dass man etwas Sinnvolles tut, ohne dass der Patient sich in seiner Autonomie bedroht fühlt. Und da sind, denke ich, systemische Vorgehensweisen ganz sinnvoll. Gerade wenn man sich in Mehrpersonensituationen befindet …

König: Haben Sie auch negative therapeutische Reaktionen oder eher nicht?

Simon: Na ja, das ist schwer zu sagen, ich würde nicht unbedingt diesen eingeführten Begriff verwenden. Da ich im Allgemeinen mit Mehrpersonensystemen arbeite, habe ich gemischte Reaktionen. Dass einige Leute zufrieden und andere unzufrieden sind. Es ist auch schon vorgekommen, dass Symptome sich verschlechtert haben. Ich denke, das spielte sich immer in einem Autonomiekontext ab.

Umgekehrtes erlebe ich aber auch. Wenn ich denke, es geht nicht weiter, kommt beim nächsten Mal der Patient oder die Familie und erzählt von positiven Entwicklungen. Und oft, wenn ich froh und glücklich bin und denke: „Aha, es geht weiter!", kommt dann irgendeine Verschlechterung. Da habe ich mich zu früh gefreut oder mir zugerechnet, wie toll ich gearbeitet habe.

Allerdings habe ich mir da mit der Zeit eine gewisse Gelassenheit zugelegt. Es geht ja auch wieder in die andere Richtung. Und es gibt bestimmte Krankheitsbilder oder Problemfelder, bei denen es eher an der Tagesordnung ist, dass es irgendwann im Laufe der Therapie zu einer Verschlechterung kommt. Bei Psychotikern, Schizophreniepatienten zum Beispiel: Wenn die mit ihren Familien arbeiten, ist es fast immer so, dass sie irgendwann noch einmal, mitten in der Therapie, in die Klinik gehen. Um sich zu vergewissern, ob da noch ein Platz für sie frei ist, könnte man vermuten; ob ihnen dieser Weg noch offen steht. Am Anfang haben wir das immer als Infragestellung unserer Arbeit gesehen. Als wir dann gelassener damit umgegangen sind und gesehen haben, das ist auch eine Option, war das kein Problem mehr. Sondern wir haben es sogar manchmal angeraten oder vorhergesagt. Schließlich ist der Gang in die Psychiatrie auch eine Überlebensstrategie, die man akzeptieren kann und muss. Das betonen wir; allerdings versuchen wir auch, den Preis, der dafür gezahlt wird, ins Blickfeld zu rücken.[16]

16 Vgl. Retzer und Simon (2001a, b, c, d).

König: Das ist ja, glaube ich, insofern wichtig, als eine solche Erfahrung daran denken lässt, dass möglicherweise nicht alle negativen therapeutischen Reaktionen oder zumindest alle Phänomene, die man so einordnet, negativ zu bewerten sind. Es kann natürlich sein, dass es ein Fortschritt ist, wenn jemand etwas tut, das so aussieht, als wäre es gegen den Therapeuten gerichtet oder das tatsächlich gegen ihn gerichtet ist.

Simon: Ja, wenn man das im Rahmen eines Ressourcenkonzeptes sieht, dann ist das womöglich ein autonomer Schritt. Und wenn man das so bewertet, dann kann man das auch akzeptieren.

König: Ich frage mich natürlich: Wie geht man mit so etwas um? Ich glaube nicht, dass es günstig ist, wenn man dem Patienten sagt, das sei jetzt ein Entwicklungsschritt, weil eine solche Äußerung schon seine Autonomie beeinträchtigt.

Simon: In der systemischen Therapie haben wir es ja ein bisschen leichter. Bevor wir etwas sagen, stellen wir ganz viele Fragen. Es ist, finde ich persönlich, sehr entlastend, dass ich nicht aus der Hüfte schießend irgendwelche Interpretationen geben muss, sondern dass ich erst eine Dreiviertelstunde mit jemandem geredet und ihn gefragt habe, wie er das alles sieht, wie die anderen das sehen und warum usw. Dann kann ich am Schluss sehr wohl zu einer Interpretation kommen und sagen, ich sehe das als ein Zeichen zunehmender Autonomie oder einen Entwicklungsschritt. Aber ich verwende nicht gerne solche Begriffe wie Entwicklungsschritt, weil damit häufig Reifekonzepte verbunden sind. Und denen stehe ich skeptisch gegenüber, weil man mit ihnen leicht Normalitätsideen transportiert: Man sollte reif sein. Aber eine positive Bewertung gelingt einem meistens, wenn man genauer nachgefragt hat; eine, die für den Patienten oder für seine Familie stimmig ist.

König: Sie sagen, unter bestimmten Voraussetzungen kann ich einen Entwicklungsschritt bestätigen, ohne dass es negative Folgen hat. Nun kann man denken: Gut, es ist ja nicht so, dass jeder Patient negativ reagiert. Es gibt doch viele, die freuen sich einfach, wenn man sagt: Das ist ein Entwicklungsschritt. Es wäre, glaube ich, wichtig, herauszufinden, bei welchen man das sagen kann. Sie sagen ja: Ich frage viel, erfahre viel, und dann mache ich es schon passend.

Passiert es manchmal auch, dass Sie fragen und dann den Eindruck haben, wenn ich jetzt sage, das ist ein Entwicklungsschritt, dann ist das schlecht, das sollte ich lieber nicht tun?

Simon: Ich glaube, ob Entwicklungsschritt oder nicht ist nicht der entscheidende Punkt. Die Frage ist: Was für ein Beziehungsangebot ist damit impliziert? Stelle ich mich über den Betreffenden, wenn ich sage, das sei ein Entwicklungsschritt, oder bleibe ich auf seiner Augenhöhe?

König: Und wie würde die Formulierung dann aussehen?

Simon: Na, ich würde schon im Voraus relativieren, was ich sage. Also im Sinne von: „Das ist zwar jetzt meine Erfahrung und Sicht, aber es kann trotzdem falsch sein …"

Ich beanspruche also explizit nicht, dass ich mehr über den anderen weiß als er selber. Aber natürlich habe ich meine Erfahrungen, sonst würde er nicht zu mir kommen und säße jetzt nicht da. Trotzdem ich bemühe mich letztlich, eine Beziehung anzubieten, wie ich sie mit meinem Automechaniker habe. Der hat seine Kompetenz und seine Erfahrung, aber deswegen steht er nicht über mir. In Fragen, die über diese Kompetenz hinausgehen, würde ich ihn auch gar nicht als Autorität akzeptieren und konsultieren. Ich finde es ist wichtig, dass man nicht praktiziert, was Jay Haley mal *one-up-man ship*[17] genannt hat. Nach dem Motto: Ich weiß etwas, was du nicht weißt, oder: Ich sehe etwas, was du nicht siehst. Das würde ich nicht tun. Ich erläutere meine Sichtweise, aber ich stelle sie zur Disposition und mache deutlich: Ich kann auch vollkommen schief liegen. So versuche ich, ein Stück meiner Wichtigkeit zu relativieren. Wenn ich das tue, kann ich fast alles sagen, ohne mich in Machtkämpfe zu verwickeln.

König: Unter der Voraussetzung, dass man die Beziehung in einer bestimmten Weise definiert, nicht von oben herunter, kann man also viel tun, ohne negative Folgen zu sehen.

Simon: Ich glaube, dass diese negativen therapeutischen Reaktionen immer dann passieren, wenn Oben-unten-Beziehungen erlebt wer-

17 Haley (1963).

den. Ob solch ein Beziehungsangebot der Absicht des Therapeuten entspricht, das ist eine andere Frage. Es genügt, wenn sich das im Erleben des Patienten so etabliert.

König: Es etabliert sich nicht bei allen Patienten und nicht bei allen Therapeuten.

Simon: Aber ich kenne viele Kollegen, auch Analytiker oder gerade Analytiker, bei denen ich ziemlich sicher bin, dass sie solche Beziehungsangebote machen. Die machen sie häufig ja schon im privaten Rahmen …

König: Dieses One-up-man-ship-Beziehungsangebot.

Simon: Ja, genau. Schon bei Diskussionen unter Fachkollegen versucht man, sich unantastbar zu machen. In der Beziehung zum Patienten ist die Versuchung ziemlich groß, das anzustreben; und der Versuchung zu widerstehen ist nicht so einfach. Ich habe in Göttingen während meines Studiums mal eine schöne Szene erlebt, die mir dazu einfällt.

In einer Psychiatrievorlesung wurde eine Patientin vorgestellt, und der Dozent legte ihr irgendeine standardisierte Testfrage vor. Sie antwortete ganz brav. Dann wandte er sich zum Auditorium und sagte: „Das hat sie doch ganz schön gemacht." Und sie holte aus und gab ihm eine Ohrfeige.

Der Dozent war in eine Richterrolle gegangen, er hatte sie beurteilt und bewertet. Und das war eine Rolle, die sie ihm nicht zubilligen wollte. Sie holte ihn ganz klar wieder herunter von dieser One-up-Position, indem sie ihn abwatschte. Ganz spontan, ganz trocken, in Bruchteilen von Sekunden nach dem Abspulen seines Satzes bekam er eine gelatscht.

MUSTERUNTERBRECHUNG UND ERÖFFNUNG VON OPTIONEN ODER NACHENTWICKLUNG?

König: Es gibt eine Untersuchung von Heigl und Triebel[18], bei der ausprobiert wurde, korrigierende emotionale Neuerfahrungen zu

18 Heigl und Triebel (1977).

bestätigen. Das war eigentlich von oben herab: Ich weiß, was für dich eine günstige Erfahrung ist. Trotzdem habe ich damals gemeint, dass ich das auch kenne und mache. Mein Lehranalytiker hat das auch gemacht.

Simon: Aber ich glaube nicht, dass so etwas wirklich technisch kontrollierbar ist. Auch wenn ich nicht bezweifle, dass man irgendwelche korrigierenden neuen Erfahrungen machen kann.

König: In der Untersuchung ging es um die Bestätigung, dass es welche waren.

Simon: Das bringt mich auch auf die Frage: Was ist eine Neuerfahrung? Die Idee, man könnte etwas nachholen, was man in der Kindheit verpasst hat, erscheint mir ziemlich naiv.

König: Zumindest ist sie fraglich.

Simon: Ich halte sie auch aus systemtheoretischer Sicht für problematisch. Ich weiß nicht, wie man das konzeptualisieren sollte. Dass man etwas Neues erfahren kann, will ich nicht in Zweifel ziehen. Aber kann man Erfahrungen nachholen? Das ist so, als ob man einen Wachstumsschub verpasst hat, und jetzt soll man mit fünfzig noch mal anfangen zu wachsen. Klappt auch nicht. Einfach weil die Bedingungen hinten und vorne nicht mehr stimmen. Man ist kein Kind mehr. Man ist ein Erwachsener. Und das, denke ich, muss sich irgendwie in der Beziehung widerspiegeln. Dass da zwei Erwachsene sich gegenübersitzen. Es sei denn, man macht Kindertherapie. Aber Kindertherapie mit Erwachsenen, daran glaube ich nicht. Und trotzdem kann da etwas Neues passieren. Oder man kann etwas erfahren, was man bisher noch nicht erfahren hat: verstanden werden, Raum haben, im Fokus der Aufmerksamkeit stehen usw. Das kann eine wichtige Erfahrung sein, klar. Aber anzunehmen, es wäre etwas, das nachgeholt wird, das halte ich für naiv.

König: Einerseits ist es etwas anderes. Andererseits kann es in die gleiche Richtung gehen.

Simon: Man muss aufpassen, dass man das nicht normativ unterfüttert. Im Sinne von: Du brauchst dies, und du braucht das, und ich weiß, was du brauchst. Dann haben wir nämlich wieder die One-Up-Beziehung.

König: Der Therapeut meint zu wissen, wann etwas gefehlt hat.

Simon: Ich weiß, dass dir da etwas fehlt aus dem zweiten Lebensjahr. Und ich definiere, dass du das jetzt brauchst. Das ist, glaube ich, der Punkt.

Und dann kann man natürlich auch wieder an dem ansetzen, worüber wir schon gesprochen haben: dem Autopoiesekonzept. Wenn ich davon ausgehe, dass der andere eh ein autonomes Wesen ist, dann ist es ja nicht ohne Logik, ihn auch so zu behandeln und zu unterstellen, dass der sich das holt, was er braucht. Natürlich muss ich es ihm irgendwie anbieten. Aber zu definieren, was er „wirklich" braucht, halte ich für höchst problematisch. Was nicht heißt, dass ich ihn nicht konfrontieren oder ihm vors Schienbein treten kann; aber das wieder eher als Musterunterbrechung, nach dem Motto: Ich lasse dich das nicht weitermachen und bringe dich in eine Situation, in der du Entwicklungsschritte machen musst.

König: Also, Sie stellen die Situation her oder bewirken, dass sie eintritt. Aber in dem Moment, wo sie eintritt, was machen Sie dann? Sie ziehen sich doch nicht ganz zurück. Sie sagten vorhin, Sie machen Lösungsvorschläge.

Simon: Manchmal. Wenn ich welche zur Verfügung habe. Ich habe ja nicht immer welche bei der Hand. Wenn mir etwas einfällt, biete ich es an; aber am liebsten mehrere Optionen.

König: Das ist sicher wichtig.

Simon: Ganz häufig ist es ja so, dass ich ein oder zwei Lösungsmöglichkeiten sehe und ins Gespräch bringe. Das impliziert dann schon, dass es nicht nur eine Lösung gibt.

Das scheint mir ein wichtiger Punkt. Dann bin ich wieder von der Normativität weg, vom: So sollte es sein. Und meine Erfahrung ist, dass die Patienten sich dann eine dritte oder vierte Möglichkeit suchen, die ich gar nicht vorgeschlagen habe. Die Tatsache, dass ich zwei oder drei Optionen eröffnet habe, regt sie an, das zu tun. Sie nutzen ihren Möglichkeitssinn.

König: „Zum Beispiel" könnte man sagen.

Simon: Genau: „Manche Leute machen das so ... oder so ..." Alle systemischen Interventionen implizieren: Es gibt nicht nur einen Weg, sondern es gibt viele Möglichkeiten. Und das eröffnet die Möglichkeit oder gibt sozusagen die Erlaubnis zu experimentieren. Oder soll es zumindest ...

WAS HILFT?

Simon: Damit sind wir bei der Frage: Wie erklärt man therapeutische Erfolge oder Effekte? Nachentwicklung ist ja auch ein Konstrukt, ein Erklärungsmodell, das konstruiert wird: Jemand geht zurück und fängt wieder von vorne an. Was, wie ich ja finde, illusorisch ist. Wenn erst mal eine Strukturentwicklung stattgefunden hat, kann man sie nicht wieder ungeschehen machen. Man kann nicht wieder zurück, man wird nicht neu geboren. Man kann auch körperlich seinen Wachstumsprozess nicht wieder rückgängig machen.

König: Wenn man das auf die Psychoanalyse beziehen will, muss man wohl zwischen zwei Richtungen unterscheiden. Die Richtung Ferenczi / Balint – Balint war ja bei Ferenczi in Analyse – und die Richtung Anna Freud. Die Analytiker aus der Richtung Ferenczi / Balint wollen regredierten Patienten eine korrigierende Erfahrung in der Beziehung zum Therapeuten ermöglichen, auch einen Neuanfang. Anna Freud hat dann gesagt, das geht nicht. Gewisse Entwicklungen könne man nicht nachholen.[19]

Es gab mal einen Kongress der Internationalen Psychoanalytischen Vereinigung, 1984, glaube ich, in Helsinki. Da ging es drum: Was ist ein regredierter Patient? Ist der wie ein Kind? Übereinstimmend hat man gesagt: Nein, er ist eben nicht wie ein Kind, sondern er ist ein Erwachsener, der in mancher Hinsicht ähnlich erlebt wie ein Kind. Und das schränkt natürlich auch die Möglichkeiten ein, dass jemand wirklich einen Neuanfang macht.

Trotzdem glaube ich, dass manche Patienten in der Regression Erfahrungen machen können, die etwas auffüllen. Aber es bleibt doch immer fragmentarisch, möchte ich meinen.

---

19 Vgl. Balint (1968); A. Freud (1969).

Simon: Wobei das ja auch eine interessante Metaphorik ist, etwas auffüllen. Was für ein Modell wird da impliziert?

König: Ein Dezifitmodell.

Simon: Weil da etwas zu wenig ist.

König: Da ist etwas zu wenig.

Simon: Und da, denke ich, müssen wir schon noch mal kritisch drauf schauen. Nicht, dass ich jetzt unbedingt ein besseres Modell anbieten könnte, aber …

König: Ich denke mir, es ist die Frage, wo der Akzent liegt. Ich glaube schon, dass ein Nachholen begrenzt möglich ist. Defizit heißt ja, es fehlt etwas, und es kann etwas nachwachsen oder eben auch nicht. Ressourcenorientiert heißt ja auch, dass man Entwicklungschancen sieht und sie aktiviert, wenn es geht, und ich glaube, dass Ressourcenorientiertheit in der Psychoanalyse in dieser Form zu finden ist. Die Frage ist nur, wie wird es umgesetzt? Zum Beispiel hat ja Freud schon gesagt, wir analysieren und wir brauchen nicht zu synthetisieren. Das macht der Patient. Das ist auch sehr ähnlich dem, was Sie sagen: Der Patient soll seine eigene Entwicklung voranbringen. Nunberg[20] hat dann den Begriff „synthetische Funktion des Ich" geprägt. Wir analysieren, und dann entwickelt sich etwas. Dann setzt sich das Ich gewissermaßen neu zusammen. Ich will nicht sagen, dass alle Psychoanalytiker das Sich-neu-Zusammensetzen dem Ich allein überlassen; man kann das auch stützen und fördern. Sie sagen, Sie stören und warten ab, was passiert.

Simon: Oder ich rege an.

König: … oder bringen die Sache etwas aus dem Gleichgewicht.
   Es gibt schon Gemeinsamkeiten zwischen Ihrer Form der systemischen Therapie und der Psychoanalyse, aber die Akzente liegen vermutlich verschieden.

20 Nunberg (1971).

Simon: Ich glaube, man muss sehr genau hinschauen. Alle unsere Theorien haben einen hohen metaphorischen Gehalt; bei Freud die ganzen Apparate und die Regelkreise bei Systemikern. Das sind ja auch alles nichts anderes als Metaphern, die dann als Theorien ausgegeben werden. Und ich glaube, dass es auch sinnvoll ist, das so zu machen und Metaphern zu nutzen. Nur muss man schauen: Was ist eigentlich die implizite Botschaft? Welche Suggestion gibt eine Metapher? Jede dieser Metaphern suggeriert auch eine Prozesslogik.

König: Und zwar suggeriert sie die dem Therapeuten.

Simon: Und der erwartet dann diese Art von Prozess in der Beziehung zum Patienten oder zur Familie oder in der Entwicklung des Patienten. Der Begriff der frühen Störung zum Beispiel: „Störung" ist schon normativ, da ist viel Bewertung drin. Und wahrscheinlich auch zu Recht. Denn es kommen ja Patienten mit Eigenarten, die sie selbst als irgendwie störend empfinden. Aber im Begriff wird möglicherweise auch eine ganze Menge an mechanischen Vorannahmen transportiert, die nicht angemessen sind, um die Prozesslogik autopoietischer Systeme zu erfassen.

Ich stelle das gerne am Beispiel der Beule dar.[21] Also, Sie haben eine Beule im Kotflügel Ihres Autos. Dann fragen Sie als Beobachter natürlich, wie kommt die da rein. Das ist die Frage nach der Kausalität, der Erklärung. Da ist von außen jemand dagegen gefahren oder hat mit dem Vorschlaghammer drauf gehauen. So ist die Beule reingekommen. Nun würden Sie bei Ihrem Auto aber nicht erwarten, dass diese Beule von alleine wieder verschwindet. Da haben wir jetzt eine Störung, und wenn nicht eine andere Kraft, die kompensatorisch wirkt, die Beule wieder raushaut, bleibt sie drin. Wenn eine Störung da ist, muss irgendetwas Kompensatorisches passieren. Und die Störung kommt von außen, traumatisch, wie auch immer, also muss von außen auch wieder eine Kompensation erfolgen.

Das Autopoiesekonzept suggeriert eine andere Logik. Wobei man beachten muss: Das Konzept wurde in der Biologie entwickelt, und wenn ich es jetzt auf die Psyche übertrage, so lässt sich vermuten, dass dies auch ein metaphorischer Gebrauch ist. Die Frage ist, ob die Metapher passt. Aus dieser Perspektive sind sowohl Organis-

21 Simon (1990, S. 27 ff.).

men als auch die Psyche dynamische Systeme, die einer gemeinsamen nicht-mechanischen Logik folgen.

Wenn Sie eine Beule an der Stirn haben, dann werden Sie eben nicht mit dem Hammer kommen, um sie rauszumachen. Sondern Sie können damit rechnen, dass der Organismus sich selbst reparierend funktioniert und die Beule von alleine beseitigt. Das heißt, die Erwartung an diese Art von System ist, dass es sich selbst reparierend arbeitet. Was erklärt werden muss, ist daher im Prinzip nicht, wie die Beule reinkam – das kann man auch erklären –, sondern man muss fragen, wenn einer diese Beule über lange Zeit behält, wie schafft er es, dieses sich selbst reparierende System daran zu hindern, sich selbst zu reparieren? Also, wie schafft es mein Nachbar, der die Beule in der Stirn hat, dass die nicht von allein weggeht? Wenn man so fragt, erfährt man womöglich, dass er versucht, sie nach dem Modell des Kotflügels zu reparieren; dass er immer wieder drauf haut und damit einen paradoxen Effekt erzielt; dass er immer wieder eine nicht nur nicht produktive, sondern schädigende chronifizierende Verhaltensweise vollzieht? Die grundlegende Frage lautet: Was ist das dynamische Muster, das dafür sorgt, dass dem Beobachter ein Phänomen als statisch erscheint oder ihm Statik suggeriert?

König: Ja. Das könnte dann ein sekundärer Krankheitsgewinn sein.

Simon: Deswegen ist die Frage immer: Welche Interventionsstrategien leiten wir eigentlich aus der impliziten Prozesslogik unserer Metaphern ab? Deswegen bin ich bei psychoanalytischen Modellen, wie gesagt, sehr skeptisch, was diese Logik angeht. Systemische Therapie geht von einer autopoietischen Prozesslogik aus. Damit haben dann natürlich auch die minimalistischen Interventionen zu tun, die wir manchmal vornehmen. Wir versuchen, die Muster zu unterbrechen, die für Chronifizierung sorgen, in der Hoffnung, dass dann die stehen gebliebene Entwicklung weitergeht.

König: Ja, genau. Sie versuchen, die Muster zu beeinflussen, die für Chronifizierung sorgen. Und ich glaube, dass das oft auch so geht, bei der Beule am Kopf. Ich nehme allerdings an, das ist nicht wie beim Kotflügel eine Beule nach innen, sondern eine Beule nach außen.

Simon: Nach innen würde die Mechanik wieder passen.

König: Dann muss man doch vielleicht operieren.

Simon: Genau, dann muss man wieder von außen kommen und das Gegenteil machen.

König: Oder auch beim Knochenbruch. Den muss man ja auch ruhig stellen, in Gips oder mit Schiene oder Platte.

Simon: Bedingungen schaffen, dass die Selbstreparation überhaupt stattfindet. Und das ist, finde ich, wieder eine gute Metapher, die für die Psychotherapie diskutierenswert ist. Bedingungen schaffen dafür, dass Selbstheilung passieren kann. Das wäre für mich ein Argument für längerfristige Therapien. Wir versuchen allerdings eher, Bedingungen dafür zu Hause zu schaffen, als, um in der Analogie zu bleiben, die Leute ins Krankenhaus zu legen.[22]

„Normale" Entwicklung

Simon: Eine andere Metapher, an der sich Therapeuten gerne orientieren, ist die Wachstumsmetapher. Sie beschreibt wahrscheinlich besser den angesprochenen Nachentwicklungsprozess. Trotzdem bin ich skeptisch.

König: Ich bin nur mit Maßen skeptisch. Sicher kann man es nicht so machen, wie Ferenczi geglaubt hat, es machen zu können, dass man einem Erwachsenen die Kindheitserfahrungen nachliefert. Es ist halt immer ein Erwachsener. Aber es gibt schon Erfahrungen, die zumindest eine formale Ähnlichkeit mit dem haben, was in der Ursprungsfamilie passiert ist oder nicht passiert ist. Wenn man sich zum Beispiel vorstellt, dass jemand in einer Familie aufgewachsen ist, die von Murray Bowen[23] als „undifferenzierte Familie-Ich-Masse" bezeichnet würde, dann ist es ihm vielleicht wichtig, in der Therapie zu merken, dass der Therapeut anders empfindet als er. So weit würde ich schon gehen.

22 Zu einer systemischen Therapietheorie siehe ausführlich Simon (1995).
23 Bowen (1976).

Simon: Ja. Aber das würde ich jetzt nicht unbedingt Nachentwicklung nennen, sondern neutraler als Neue-Erfahrungen-Vermitteln.

König: Neue, wobei die Erfahrungen normalerweise früher stattgefunden hätten.

Simon: Okay, aber dann kommt die Frage wieder, was wer als normal ansieht. Meines Erachtens geht es darum, dass wirklich etwas Neues passiert. Ein Unterschied wird vermittelt, das ist für mich der Punkt. Frage ich: Wann hätte er eigentlich erlebt werden müssen? komme ich natürlich schon wieder auf eine Entwicklungsnorm.

König: Ja, gut, es gibt ja auch unterschiedliche Entwicklungsbedingungen in unterschiedlichen Kulturen. Andererseits finde ich Normvorstellungen manchmal hilfreich, wobei ich die Inhalte nicht eng fasse, sondern eher, wie Hartmann[24] es gemacht hat, mit seiner „durchschnittlich zu erwartenden Umwelt". Bezogen auf unsere Kultur, würde ich sagen, wenn jemand in der Kindheit bestimmte Erfahrungen nicht gemacht hat, kommt er in erwachsenen Beziehungen von der Art, wie es sie in unserer Kultur eben gibt, in Schwierigkeiten.

Simon: Mit der Formulierung habe ich auch kein Problem. Ich sage nur, dass man das in unterschiedlichen Konzepten fassen kann. Ich habe Probleme mit dieser Nachholidee. Bestimmte Erfahrungen sind schon funktionell, damit jemand in unterschiedlichen Kontexten umgehen kann. Es geht aber auch anders.

Ich kenne beispielsweise einen sehr erfolgreichen Topmanager, der kaum in der Lage war, mehr als seinen Namen zu schreiben. Mit viel Mühe hätte er es wahrscheinlich auch hingebracht, einen Brief zu schreiben, aber schon das Verfassen eines Entschuldigungszettels für seinen Sohn war eine Katastrophe. Er karikierte das immer selbst, indem er behauptete, den Unterschied zwischen Orthographie und Pornographie nicht richtig zu kennen. Aber in seiner Position reichte es eigentlich vollkommen, seine Unterschrift unter Schreiben zu setzen, die andere abgefasst hatten. Und Autofahren hat er auch nie richtig gelernt. Brauchte er aber auch nicht. Er hatte seit ewigen Zei-

24 Hartmann (1971).

ten eine Sekretärin und einen Chauffeur. Seine Defizite fielen niemandem auf.

Jetzt hätte man ihm eine Nachsozialisation, richtig noch mal einen Grundkurs in Rechtschreibung, verpassen können. Aber wieso? Wenn er einen anderen Weg findet, damit umzugehen: Was ist das Problem?

Ich meine, wenn es um die System-Umwelt-Beziehungen geht, die Anpassung psychischer und sozialer Systeme aneinander, dann gibt es eben unterschiedliche Arten, die zu bewältigen. Manche Leute schaffen es eben, sich eine Umwelt zu schaffen, in der sie mit den nicht gemachten Entwicklungsschritten sehr gut leben können, und andere nicht. Wenn wir das nur an der durchschnittlich zu erwartenden Umgebung im Erwachsenenalter messen, dann ist durchschnittlich zu erwarten, dass sie in bestimmte Schwierigkeiten kommen, klar.

König: Was Sie sagen, ist ja im Grunde genommen, dass dieser Manager durch andere Begabungen erreicht hat, dass er eine Sekretärin und einen Chauffeur hatte.

Simon: Ja. Aber, wie gesagt, wenn man genauer hinschaut, findet man das bei vielen Berufen. Man macht das, was man besonders gut kann, oder das, was man besonders schlecht kann. Natürlich kann man das noch weiter ausweiten: dass Karrieren auch Kompensationen für nicht geleistete Entwicklungsschritte sind; dass man seine Defizite hat und sich einen Beruf sucht, in dem man diese Defizite womöglich als Ressourcen verwenden kann …

König: Aber man muss schon unterscheiden zwischen jemandem, der etwas nicht kann, weil er keine Begabung dafür hat und es nun gerade studiert oder den entsprechenden Ausbildungsberuf nun gerade wählt, und jemandem, der aus einem Mangel einen Vorteil macht oder einen Vorzug. Ich suche jetzt nach einem Beispiel … ein bekanntes Beispiel wäre das von Anna Freud, in *Das Ich und die Abwehrmechanismen*[25], von dem Jungen, der in Sport nicht gut war, der es dann vermied, Sport zu machen, und stattdessen viel las. Er wur-

25 A. Freud (1936).

de Philologieprofessor. Er hat eine Begabung ausgenutzt, unter optimalen Bedingungen. Hätte er mehr Sport gemacht, wären die Bedingungen schlechter gewesen.

Simon: Mir geht es darum zu sagen: Es gibt ja unendlich viele Möglichkeiten, in einem sozialen Kontext erfolgreich zu überleben. Die kann man nicht im Einzelnen benennen. Man kann allerdings sagen, dass es bestimmte Grenzen gibt, jenseits deren es nicht mehr geht. Scheiterstrategien sind leichter vorherzusagen als Erfolgsstrategien.

König: Es gibt viele Möglichkeiten des Möglichen.

Simon: Es gibt eine riesige Variationsbreite. Im Blick zu behalten, was alles möglich ist oder sein könnte, was alles mit einem erfüllten Leben oder zumindest mit einem hinreichend zufriedenen oder glücklichen Leben vereinbar ist, scheint mir wichtig. Und deswegen bin ich so skeptisch, wenn normative Aspekte hineinkommen. Aber ich denke, im konkreten Fall werden wir uns hier mit Sicherheit einigen können.

König: Ich glaube auch. Und ich bin auch der Meinung, dass alles das mit Charakter zu tun hat. Wobei unsere komplexe Gesellschaft ja auch ohne eine Vielfalt der Charaktere gar nicht möglich wäre.

Simon: Das wäre öde und langweilig.

König: Und es ginge auch gar nicht. Schon die unterschiedlichen beruflichen Interessen hängen nicht nur mit verschiedenen Begabungen, sondern auch mit der Verschiedenheit der Charaktere zusammen.

Simon: Alle würden Lehrer werden wollen, furchtbarer Gedanke. Oder alle Psychoanalytiker.

König: Oder alle Fußballspieler ...

Simon: ... oder alle Fußballspieler. Vielleicht eine noch schrecklichere Vorstellung, für einen richtigen Fußballfan ...

König: Eine andere interessante Sache: der Wiederholungszwang. Er bewirkt, dass man immer wieder etwas Nachteiliges tut.

Man kann ja fragen, warum überträgt ein Mann weiter seinen Vater auf alle Autoritätspersonen, obwohl er in seiner Therapie schon mehrfach gesagt gekriegt hat, woher das kommt. Er weiß es, das Wissen hat aber noch keinen Einfluss auf sein Erleben und Verhalten. Das könnte einen Grund darin haben, dass ihm dieses Erleben und Verhalten vertraut ist, dass er es gewohnt ist, dass er sich so sicher fühlt. Man kann auch sagen, er hat ein bestimmtes Erleben und Verhalten erlernt und muss jetzt erst umlernen.

Oder wenn einer Dinge falsch macht, um seinen Chef zu einem autoritären Verhalten zu bringen, damit sich seine Übertragungserwartung bestätigt. Er überträgt den autoritären Vater und möchte seine Sichtweise bestätigt sehen. Dieser Wunsch ist unbewusst. Freud sprach ja rein deskriptiv von Wiederholungszwang. Über die Motivation hat er nichts Plausibles gesagt. Man kann den Übertragungsbegriff auch mit primärem und sekundärem Krankheitsgewinn in Verbindung bringen. Man kann zum Beispiel sagen, es sei für die innere Ökonomie gut, wenn man Vertrautes wieder findet. Es spart Unsicherheit und Angst. Oder: Wenn wir keine Erfahrungen mit Menschen übertragen würden, könnten wir keine Menschenkenntnis entwickeln. Das wäre ein sekundärer Gewinn, der sich interpersonell auswirkt.

Simon: Aus systemischer Sicht würde man ebenfalls auf die Funktionalität schauen. Und da zeigt sich, wenn wir einmal das mit dem Begriff Wiederholungszwang beschriebene Phänomen betrachten, dass die Systemtheorie hier eine Erklärung liefern kann, die den Beiklang des Zwangs ein wenig relativieren kann.

Damit ein lebendes System überhaupt über längere Zeit seine Struktur erhält, bedarf es charakteristischer Prozesse. Das ist es, was mit dem Begriff Autopoiese dargestellt wird. Nur solang diese Prozesse in einer charakteristischen Weise organisiert sind, erhält das System eine Form, die dem Beobachter über die Zeit als konstant oder identisch erscheint. Der Körper erhält seine Struktur nur so lange, wie der Stoffwechsel dafür sorgt, dass der Körper seine Struktur erhält. Es ist eine Abfolge sich wiederholender geordneter Prozesse, die dafür sorgen, dass ein scheinbar konstanter Zustand erhalten wird. Der Körper verändert sich zwar andauernd, aber das Ergebnis erscheint dem Beobachter – der auch ein Selbstbeobachter sein kann, der sich morgens beim Rasieren oder Schminken wieder erkennt – als dasselbe.

Das gilt aber nicht nur für den Körper, sondern auch für andere autopoietische Systeme. Die Psyche erhält ihre Form nur dadurch, dass immer wieder Prozesse, die derselben Organisationsform folgen, wiederholt werden. Das ist das Phänomen hinter dem Wiederholungszwang. Nur so kann in der Selbstbeobachtung das Gefühl einer konsistenten Identität aufrechterhalten werden. Und nur so wird auch in der Fremdbeobachtung dem anderen eine wiedererkennbare Identität zugeschrieben.

Und auch soziale Systeme erhalten ihre Identität, d. h. scheinbare Konstanz, durch die Wiederholung derselben Prozessmuster. Alle Jahre wieder wird Weihnachten gefeiert. Eine Art gesellschaftlicher Wiederholungszwang, wenn Sie so wollen.

Die Frage „Wozu ist es gut?" hat daher zwei Antworten. Die erste bezieht sich auf die Wiederholung an sich. Sie ist funktionelle Voraussetzung dafür, dass Konstanz und Identität hergestellt werden. Die zweite bezieht sich auf die konkreten Verhaltensweisen oder die Prozesse, die wiederholt werden. Im Einzelfall lautet sie dann: Worin liegt ihr Anpassungsaspekt?

Dabei muss nicht alles, was wiederholt wird, funktionell oder zweckmäßig im engeren Sinne sein. Es reicht, wenn es das Überleben nicht infrage stellt, d. h., wenn es nicht „stört". Nicht alles, was getan wird, hat einen tieferen Sinn. Die Wiederholung schafft aber immer in gewissem Maße Identität und Wiedererkennbarkeit, unabhängig vom Sinn oder Unsinn des Wiederholten. Was hundert Mal praktiziert wurde, wird sehr wahrscheinlich auch das hundertunderste Mal praktiziert.

König: Es wurde so gelernt. Außerdem hat es aber auch noch aktuelle Motive, unbewusste.

Simon: Es muss sie aber nicht haben … Es kann, wie gesagt, sehr funktionell oder zweckmäßig sein, aber es muss nicht unbedingt irgendwelche unbewussten Motive haben.

König: Jetzt sollten wir, glaube ich, unterscheiden zwischen funktional und zweckmäßig.

Simon: Wie würden Sie zwischen funktional und zweckmäßig unterscheiden?

König: Ein Verhalten hat eine Funktion, die man verstehen kann, aber es ist deswegen noch nicht in einer bestimmten Situation zweckmäßig.

Simon: Also, zweckmäßig ist dann im Sinne einer intentionalen Handlung gemeint …?

König: Ja, aber auch zweckmäßig im Sinne, dass der Mensch gut lebt.

Simon: Also, aus systemischer Sicht muss nicht irgendjemand eine Entscheidung getroffen haben, damit man sagen kann: Ein Verhalten ist funktionell. Es kann eine bestimmte Wirkung haben, ungeachtet der damit verbundenen Absichten. Und diese Wirkung bezieht sich eben nicht nur auf das betreffende Individuum, sondern auf das soziale System. Die Unterscheidung zwischen Zweckmäßigkeit oder, besser: Zweckgerichtetheit und Funktionalität scheint mir hier wichtig. Zweckgerichtetes Handeln *sieht so aus*, also ob jemand sich bewusst oder unbewusst entschlossen hätte, sich so und nicht anders zu verhalten, um ein bestimmtes Ziel zu erreichen. Das muss aber nicht der Fall sein. Denn die Zuschreibung von Zweck ist schon wieder die Konstruktion einer Erklärung.

König: Ja, da würde ich gerne noch etwas dabei bleiben. Also, was zweckmäßig ist, da müssen wir natürlich Kriterien finden.

Simon: Vielleicht mal ein Beispiel aus den Anfängen der systemischen Therapie. Da wurde ja in der Literatur viel berichtet über magersüchtige Mädchen und die Auswirkung der Symptomatik auf die Familie. Wenn ein Kind ein Symptom entwickelt, hat dies immer eine Wirkung auf die Eltern. Und in der Regel sorgt es dafür, dass die Eltern sich in der Sorge um das Kind vereint sehen oder zumindest kooperieren. Funktionell betrachtet, werden sie durch das

Kind „zusammengehalten". Das heißt aber nicht, dass dies die mit der Symptombildung verbundene bewusste oder unbewusste Absicht hinter der Symptombildung, also etwa der Magersucht, ist. Dennoch hat sie eine Wirkung, die ihrerseits wieder Wirkungen entwickelt: auf denjenigen, der das Symptom entwickelt hat, wie auf diejenigen, die auf das Symptom reagieren. Eltern halten meist enger zusammen, wenn Kinder ein Problem produzieren. Und ich denke, man muss da sehr genau unterscheiden. Es ist – aus der Außenperspektive betrachtet – eine Funktion der Symptomatik des Kindes, dass Eltern ihre Prioritäten verändern, andere Probleme als kleiner erachten und sich, beispielsweise, mehr oder anders miteinander beschäftigen als vorher.

König: Eine Funktion ... und eine positiv konnotierte.

Simon: Die positive Konnotation ist ja schon eine Intervention durch den Therapeuten; eine Umdeutung, die mit einer therapeutischen, d. h. auf die Veränderung des Interaktionsmusters zielenden Absicht vorgenommen wird.

König: Ich meine, es kann auch jemand sein eigenes Verhalten positiv oder negativ konnotieren.

Simon: Er könnte auch sein eigenes Verhalten positiv konnotieren, aber meist fehlt ihm dazu die Außenperspektive. Da muss man trainieren, sich von der Innenperspektive seines aktuellen eigenen Erlebens genug zu distanzieren, um dies zu können.
    Der Blick auf die Wirkungszusammenhänge einer Symptombildung eröffnet sich einfach besser aus der Außenperspektive. Und die zeigt bei dem angesprochenen Beispiel der Symptombildung eines Kindes, dass es zwar Wirkung, aber nicht unbedingt Zweck des Symptoms ist, wenn die Eltern zusammengehalten werden.

König: Sie meinen, Zweck würde voraussetzen, dass eine Intention vorhanden ist.

Simon: Genau. Manchmal spielen Systemiker mit dieser Verwechslung von Absicht und Wirkung. Sie deuten dann das Verhalten um, um ihm seine Funktion zu nehmen: „Die Patientin hungert, damit die Eltern zusammenbleiben." Das heißt aber nicht, dass die Therapeuten tatsächlich meinen, dass dies die zugrunde liegende Absicht ist.[26]

König: Also, damit die Eltern zusammenbleiben, was ja eine Intention anscheinend – oder scheinbar – unterlegt. Diese Wirkung des Hungerns wäre also nicht primär intendiert, aber sie ergibt sich und könnte, wenn das Mädchen sich dieser Wirkung innewürde, positiv auch von dem Mädchen konnotiert werden, weil es ja auch will, dass die Eltern zusammenbleiben.

Simon: Und es könnte vielleicht auch von den Eltern positiv konnotiert werden, oder sie könnten beginnen, sich über ihre Beziehung Gedanken zu machen.

Diese Art der Intervention zielt ja darauf ab, dass nicht nur einer sich ändert oder etwas ändert, sondern auch andere in der Familie. Ob das wirklich so von der Patientin intendiert ist, lässt sich nicht entscheiden. Man kann ja in das Mädchen nicht hineinschauen, aber man muss nicht die Hypothese haben, dass sie das wirklich intendiert hat, um das Symptom so zu deuten. Es ist auch nicht wirklich relevant. Man bietet eine Wirklichkeitskonstruktion an, in der Hoffnung, dass sich daraus neue Handlungsoptionen ergeben, wenn sie denn akzeptiert wird.

Dies ist der Zusammenhang, in dem es mir wichtig scheint, zwischen Funktion und Intention und Zweckmäßigkeit zu unterscheiden. Bei Zweckmäßigkeit muss man natürlich auch fragen: Wer entscheidet eigentlich, was zweckmäßig ist oder nicht?

König: Ja. Man kann auch die freudschen Konzepte Lustprinzip und Realitätsprinzip zu Hilfe nehmen. Ein Verhalten ist dann zweckmäßig, ein Mensch folgt dann dem Realitätsprinzip, wenn die Lust dadurch maximiert wird. Das wird ja klar, wenn man die Folgen eines nur lustgesteuerten Verhaltens bedenkt. Es führt zu Katastrophen in einem sozialen System. Aber zur Einsicht zu kommen, dass es zweckmäßig sei, dem Realitätsprinzip und nicht dem reinen Lustprinzip zu folgen, setzt mehrere Schritte voraus. Ich überlege gerade, aus welcher Perspektive Freud das gesehen haben kann. Er hat ja

---

26 Vgl. dazu ausführlicher Simon (1997, S. 160 ff.).

die Sexualität als eine sehr mächtige und ubiquitäre motivierende Kraft angesehen und gleichzeitig gesagt, eigentlich könne man sie kaum befriedigend leben. Er hat unter anderem die damaligen Probleme der Kontrazeption angetönt.[27] Was er gesagt hat, ist eigentlich: Das sexuelle Paradies auf Erden gibt es nicht. Wir müssen uns einschränken, wenn wir optimal leben wollen. Aber natürlich kann man sich sehr darüber streiten, was das für verschiedene Menschen bedeutet. Da kommt etwas herein, was für mich ganz wichtig ist. Ich sage oft in Gruppentherapien: „Die Menschen sind verschieden." Das klingt ja wie eine Binsenweisheit. Ich staune aber, wie oft Menschen denken, es gebe einen Idealmenschen. Dass es nicht verschiedene Menschen gibt, mit verschiedenen Eigenschaften und Sichtweisen, die gleichberechtigt sind, wo man keine der anderen vorziehen kann, sondern eben einen Idealmenschen. Viele Leute haben tatsächlich die Vorstellung, man müsse eine ideale Frau oder ein idealer Mann oder ein idealer Mensch sein. Das Menschenbild, das dahinter steckt, ist oft sehr eingeschränkt, ist oft sehr eng. Und deswegen sage ich den Leuten, wenn sie das von mir kennen, lachen sie oft schon: „Die Menschen sind verschieden." Auch deshalb kann es keinen allgemein gültigen Begriff von Zweckmäßigkeit geben. Die Forderung nach Zweckmäßigkeit ist etwas sehr Brisantes, oft Unreflektiertes.

KOMPLEXITÄTSREDUKTION

König: Ich glaube, dass der Begriff Wiederholungszwang keinen Erklärungswert in sich hat. Er sollte etwas erklären. Freud sprach auch von einer Klebrigkeit der Libido, was nicht viel weiterhilft.

Ich selber meine, dass das, was gemeint ist, etwas mit Vertrautsein zu tun hat;[28] ich spreche von Familiarität. Dass jemand nicht nur sich in seinem Verhalten wieder erkennt, sondern dass jemand einen Typ von Situationen produziert, mit dem er vertraut ist.

Ich glaube, dass wir keine Menschenkenntnis haben würden, wenn wir nicht sagen würden: Dieser Mensch in meiner Vergangenheit, der so und so aussah, der den und den Beruf hatte, der sich so und so verhielt, hat etwas mit mir gemacht, was ich als schlechte

---

27 S. Freud (1930).
28 König (1998; 1999).

Erfahrung registriert habe, und deswegen bin ich jetzt auf der Hut, wenn ich Leute antreffe, die mich an ihn erinnern.

Simon: Aber dazu muss ich natürlich erst mal eine Gleichsetzung vornehmen; die Merkmale, die ich bei dem Menschen jetzt wahrnehme, zu den Merkmalen des andern, an die ich mich erinnere, in Beziehung setzen und das dann quasi hochrechnen.

König: Ja. Das bewährt sich oft, weil die Vorstellung, wenn etwas einmal so war, es das nächste Mal auch so sein wird, eine gewisse Wahrscheinlichkeit hat, etwa beim Wetter. Ich habe mal irgendwo gelesen, dass einer, der sagen würde, das Wetter werde morgen genauso sein wie heute, in siebzig Prozent der Fälle Recht hätte. Der große Aufwand, den die Meteorologen betreiben, schafft es auf weitere 15 bis 20 Prozent. Ich glaube schon, dass es einen Sinn hat zu erwarten, dass die Dinge so stattfinden, wie sie stattgefunden haben. Andererseits ist die Vorstellung, dass man wieder anstrebt, womit man vertraut ist und mit dem man deshalb umzugehen gelernt hat, auch plausibel.

Simon: Eigentlich ist die Zukunft ja nicht vorhersehbar. Aber wir tun so, als ob sie vorhersehbar wäre, indem wir so tun, als ob die Zukunft so wäre wie die Vergangenheit. Zumindest in bestimmten Aspekten. Wie das Wetter … Je nachdem, wie man guckt. Und um zu sagen: Es wird so sein, muss ich natürlich schon irgendwelche Erfahrungen gemacht haben.

König: Die Prognosen bestätigen sich dann oft. Nicht immer, aber oft.

Simon: Ja, man kreiert eine Ähnlichkeit, sozusagen. Man findet oder erfindet eine Ähnlichkeit. Es ist doch der Beobachter, der sagt, ich identifiziere diese Situation mit jener Situation. Die Situationen sind eigentlich verschieden. Das sollte man mitdenken. Aber das Leben wird einfacher, wenn man Situationen so miteinander identifiziert. In der Systemtheorie würde man sagen, es ist ein Mittel der Komplexitätsreduktion. Wenn ich die neue Situation ähnlich handhabe und mich auf diese Situation ähnlich beziehe, dann wird ein weiterer Beobachter, der mich beobachtet, vielleicht aber sagen: Aha, der wiederholt irgendetwas.

König: Freud hat ja diesen Begriff Wiederholungszwang eingeführt, um sich und anderen irgendwie verständlich zu machen, dass Leute Dinge tun, die sich nicht bewähren. Ich sage: Sie sind mit diesen Dingen vertraut, und das Vertraute wieder zu finden ist schon etwas Positives, selbst wenn es unangenehm ist.

Simon: Die Frage ist: Was ist das Merkmal des Bewährens?

König: Ja, genau. Wenn sich jemand in eine Situation bringt, in der es ihm ganz schlecht geht, dann könnte man vermuten, er hat ein masochistisches Triebbedürfnis und erfüllt sich das. Es muss aber nicht Masochismus sein, vielleicht erfüllt er sich nur den Wunsch nach Vertrautem.[29]

Simon: Genau. Ich glaube, dass der Gewinn schon in der Wiederholung selbst liegt. Mir passiert immer wieder Folgendes: Ich gehe in eine fremde Stadt, suche ein Restaurant und esse dort schlecht. Und nach Jahren komme ich wieder in die Stadt, habe vergessen, dass ich schlecht gegessen habe, ich erinnere mich nur noch, ich kannte doch ein Restaurant, und lande wieder in diesem Restaurant, weil es vertraut ist. Dass ich schlecht gegessen habe, habe ich vergessen. Das merke ich erst wieder, wenn das Essen auf dem Tisch steht.

Das heißt, die Wiederholung selber schafft das Gefühl der Vertrautheit, wie Sie es genannt haben; ich kann mich wieder orientieren. Was ist eine gute oder schlechte Erfahrung? Das kommt erst an zweiter Stelle. Etwas wiederholen können ist an sich schon ein Wert. Denn dann weiß ich, was ich zu tun habe. Ich bin nicht desorientiert.

König: Ja. Dann muss man auch noch aufpassen, denke ich, aus welcher Perspektive man die Erfahrungen bewertet. Zum Beispiel würde ich sagen, das Leben eines Wildkaninchens ist angenehmer als das Leben eines Stallkaninchens. Aus meiner Perspektive. Wenn man aber ein Stallkaninchen in den Wald setzt, eines, das immer im Käfig gesessen hat, wird es dort nicht zurechtkommen. Es wird sich vielleicht in den Käfig zurückwünschen. Da gibt es auch ein Gedicht, ich weiß nicht mehr, von wem, in dem der Dichter von einem Gefangenen schreibt, der befreit wird und mit Wehmut von seinem Gefängnis Abschied nimmt. Es war die vertraute Umgebung.

29 Sandler (1992, 1993).

Simon: Das vertraute Elend dem unvertrauten Glück vorziehen ... Darum ist es auch so schwer, sich von irgendeinem Ort wegzubewegen, auch wenn man ihn furchtbar findet – aber man kennt ihn.

König: Ist auch noch altersabhängig. Ich glaube, dass man am ehesten wechseln will, wenn man in der Adoleszenz ist. Und dann gibt es sicher noch ein Alter, in dem man sagt: Also, wenn ich noch etwas verändern will, dann jetzt.

Zirkuläres Fragen

König: Lassen Sie uns zum zirkulären Fragen kommen. Das kann man ja in Gruppen, denke ich, auch machen. Ich habe es gelegentlich versucht.

Simon: Das zirkuläre Fragen hat ja einen doppelten Charakter. Es ist einerseits Diagnosemethode und andererseits eine Interventionsstrategie. Man erfährt als Interviewer sehr viel über Interaktions- und Kommunikationsmuster, und dadurch, dass die Betreffenden beim Kreieren dieser Informationen dabei und beteiligt sind, hat es die Wirkung der Intervention.

Als therapeutische oder beraterische Methode kann man es eigentlich nur in der Arbeit mit Systemen anwenden, die eine gemeinsame Geschichte durchlaufen haben. Sie können, beispielsweise, den einen über den anderen oder die Beziehung zweier anderer Fragen, und das können sie ja nur, wenn er ihn oder sie kennt; wenn er etwas von ihnen weiß oder zu wissen meint, d. h., wenn er mit dem anderen eine Interaktionsgeschichte durchlebt hat, die er beobachten konnte.[30]

In der Gruppentherapie, bei der Personen aufeinander treffen, die keine gemeinsame Geschichte durchlaufen haben, zumindest in der ersten Sitzung, hat es meines Erachtens keinen oder wenig Sinn, zirkulär zu fragen. Letztlich befragen Sie ja immer einen außen stehenden Beobachter über das, was andere in irgendwelchen Kommunikations- oder Interaktionssituationen zeigen. Das heißt, wenn Sie das nach der zehnten Sitzung machen, dann können Sie natürlich fragen. Dann haben die Beteiligten eine gemeinsame Geschichte.

30 Zu Einzelheiten der Technik des zirkulären Fragens, illustriert an Fallbeispielen, siehe Simon u. Rech-Simon (1999); vgl. auch Tomm (1994); Boscolo et al. (1998).

König: Ja, das denke ich auch.

Simon: Das zirkuläre Fragen ist eine Möglichkeit, eine Außenperspektive in das System einzuführen, die normalerweise nicht explizit gemacht wird, sondern eher implizit bleibt.

König: Die impliziert ist. Also, im Grunde genommen wird Information manifest gemacht, die eigentlich vorhanden ist.

Simon: Das ist natürlich eine philosophische Diskussion wert, ob die Antwort schon vorhanden ist, bevor die Frage gestellt wird. Manchmal ist es ist ja nicht nur so, dass man Informationen abfragt, über die jemand schon verfügt oder worüber er sich schon Gedanken gemacht hat. Durch die Frage entsteht für ihn sozial die Notwendigkeit oder Wahrscheinlichkeit, ad hoc eine Antwort zu erfinden. Es geht dabei um Fragen, die vorher noch nicht gestellt wurden, die aber dennoch beantwortet werden. Und diese Antworten werden – das ist zumindest die konstruktivistische Perspektive – erfunden.

König: Oder gefunden. Die Leute werden zum Nachdenken angeregt und sagen dann: Ach, das habe ich zwar noch nie überlegt, aber wenn ich das so überlege, dann sage ich das und das.

Simon: Was ist das Wichtigere dabei? Dass die Antwort kommt oder dass die Leute sich neue Fragen stellen?

König: Fällt mir schwer zu gewichten, jetzt im Moment, aber ich stelle mir vor, aus psychoanalytischer Sicht, dass zwei Dinge passieren. Also, erst einmal fördert und trainiert das zirkuläre Fragen die Introspektion.

Simon: Obwohl keine Introspektionen abgefragt werden?

König: Introspektion wird nicht abgefragt, aber sie ist notwendig, um eine Antwort zu geben. Wie erlebe ich den?, das ist zum Beispiel eine auf Introspektion abzielende Frage.

Simon: Nein, diese Art Fragen nach dem Erleben, zum Beispiel, stelle ich nicht.

König: Die stellt sich der Patient.

Simon: Okay!

König: Also, Sie fragen doch, wie denkst du, dass B mit C umgeht?

Simon: Er antwortet und sagt viel über sich. Man erfährt ja viel über den Betreffenden selber. Aber er wird von mir nicht aufgefordert, etwas über sich bzw. sein Innenleben preiszugeben. Da sind wir wieder beim Autonomieproblem, dem Respektieren von Grenzen, der Nichttrivialität durch Sich-nicht-Öffnen usw.

König: Nein, aber Introspektion ist notwendig, eine Voraussetzung, damit er die Fragen oder zumindest viele solcher Fragen, es mag ja nicht immer so sein, beantworten kann. Also, Introspektion wird gefördert, zumindest angeregt.
Wie geht eigentlich zirkuläres Fragen in der Zweierbeziehung?

Simon: Na ja, in der Zweierbeziehung der Therapie kann man sich den Dritten erfinden: Wie würde Ihr Mann Sie beschreiben? Wenn er uns hier sehen würde, was würde er darüber sagen? Man kann sich immer einen Außenbeobachter erfinden. Das ist eine Möglichkeit, aber natürlich ist es immer noch der Betreffende selbst, der antwortet. Und der Überraschungseffekt, mit einer Fremdwahrnehmung konfrontiert zu werden, die durch die Befragung eines realen Dritten entsteht, ist natürlich nicht da.

König: Zirkuläres Fragen wenden Sie auch in Paartherapien an?

Simon: Ja, natürlich. Da kann man sehr gut zirkulär fragen. Den einen über den anderen. Den einen über die Beziehung des andern. Den einen über das Seelenleben des anderen.

König: Ich finde, zirkuläres Fragen ist mit einem psychoanalytischem Vorgehen gut kompatibel. Es bewirkt Konfrontationen und Neuerfahrungen.

Die Korrektur von Übertragung durch zirkuläres Fragen

König: Außerdem habe ich den Eindruck, dass durch die Ergebnisse des zirkulären Fragens Übertragungen korrigiert werden. Weil einfach durch ein Mehr an Information die ursprünglichen, durch Übertragung bestimmten Erwartungen verändert werden.

Ich habe ja ein Gruppenkonzept[31] entwickelt, das basiert auf der Zunahme von Information in einer Gruppe. Zu Beginn einer Gruppe ist es so, dass die Leute übereinander wenig wissen, und das fördert eine Wahrnehmung der Gruppe als eines Globalobjekts. Anfangs konfluieren die Teilnehmer in der Sicht jedes Einzelnen zu einem Objekt, das ist wie eine große Person oder, neutraler zunächst, ein großes Gebilde. Und das fördert die Mutterübertragungen. Das Kind ist klein im Vergleich zur Mutter. Das Kind sieht ja auch die Mutter nie ganz, immer nur einen Teil, auch weil das scharfe Sehen des Säuglings abnimmt, wenn er mehr als zwanzig Zentimeter von dem gesehenen Gegenstand weg ist. Er kann also die Mutter nicht als ganze Person sehen, wie man so eine Gruppe nicht als ganze auf einmal sehen kann. Und dass sich Übertragungen abwechseln im Laufe einer Gruppenentwicklung, hat meines Erachtens mit der Zunahme an Informationen zu tun.

Ich meine ja überhaupt, dass man mit Übertragung verschieden umgehen kann. Man kann sie deuten, also eine kausale Verknüpfung mit einem früheren Objekt herstellen. Man kann sich anders verhalten als Person, auf die übertragen wird. Oder man kann Informationen über sich geben, Realinformationen. Die können bewirken, dass die Übertragung modifiziert wird. Und das tun Leute in einer Gruppe, wenn sie über sich berichten. Wenn zirkulär gefragt wird, geben sie auch Informationen. Das würde ich also als eine Methode zum Verändern von Übertragungen sehen, und deswegen glaube ich, dass das zirkuläre Fragen im Prinzip mit einem psychoanalytischen Vorgehen vereinbar ist.

Simon: Das glaube ich auch. Ich würde das jetzt aus systemischer Sicht sehr ähnlich konzeptualisieren. Allerdings scheue ich mich, den Begriff Übertragung zu verwenden, weil ich denke, dass in diesem Begriff die Unterscheidung, die ich eingangs vorgeschlagen habe – zwischen Beschreiben, Erklären und Bewerten –, verwischt ist. Der

31 König (1976); König u. Lindner (1992).

Begriff Übertragung beschreibt ja irgendetwas: ein Phänomen. Aber er erklärt es auch gleichzeitig, und er bewertet es auch noch. Mal ist es gut, mal ist es schlecht.

König: Ich finde, er erklärt es zum Teil. Der Begriff Übertragung erklärt eine Wahrnehmung, aber er erklärt zum Beispiel nicht, warum an der Wahrnehmung festgehalten wird.

Und ich glaube schon, dass ein Teil der Misserfolge in psychoanalytischen Therapien etwas damit zu tun haben, dass man sich mit Erklärungsmodellen für Übertragung zufrieden gibt, die nicht ausreichen.

EINLADUNGEN ZU SPIELEN (GAMES) ODER ÜBERTRAGUNG?

Simon: Zum Übertragungsbegriff gibt es aus systemischer Sicht noch einiges zu sagen. Ich meine, dass jedem Therapeuten Gefühle entgegengebracht werden, die er nicht verdient, seien sie positiver oder negativer Art.

König: Nicht verdient heißt, dass er sie nicht durch sein Verhalten verursacht hat?

Simon: Irgendwie ist er natürlich dran beteiligt. Allein dadurch, dass er da ist. Insofern steht er zur Verfügung. Und aus systemischer Sicht sehe ich Übertragung und Gegenübertragung immer als zusammengehörig. Als Therapeut versuche ich dabei, eine Außenperspektive der Beobachtung einzunehmen. Der erste Schritt ist, gewissermaßen „von außen" auf das gemeinsame Interaktionsmuster zu schauen: Was machen wir da gerade miteinander? Gleichzeitig bin ich aber auch in der Innenperspektive des Teilnehmers an der Interaktion. Ich fühle und erlebe die Situation auf die eine oder andere Weise. Auch als Systemiker muss ich merken, wie es mir geht, welche Gefühle ich im Umgang mit dem Patienten oder der Familie entwickle. Ich frage mich dann: Welche Einladung spüre ich, welche Handlungsimpulse spüre ich? Wozu fühle ich mich aufgefordert?

Der Einladungsbegriff scheint mir ein bisschen neutraler und näher am Alltag als der Übertragungsbegriff, weil er nicht so viel an Erklärungsaspekten enthält. Patienten schicken Einladungen aus, und ich sende Einladungen aus. Sie werden angenommen oder nicht angenommen, eindeutig zurückgewiesen oder auch gar nicht zur Kenntnis genommen.

König: Einladung ist etwas Intendiertes, aber Sie meinen auch Verhaltensweisen, die nicht intendiert sind?

Simon: Ja, ich meine auch nichtintendierte Einladungen. Ich spüre das als Einladung, weil bei mir Handlungsimpulse dadurch ausgelöst werden. Unabhängig davon, ob sie vom anderen intendiert sind oder nicht. Ich fühle mich eingeladen, in ein bestimmtes Interaktionsmuster, in ein charakteristisches Spiel einzusteigen. Zu dem Spiel gehören aber bestimmte Spielregeln.

Das ist ein Punkt, der mir besonders wichtig ist: Es geht nicht nur darum, dass vom Patienten oder der Familie ein bestimmtes Beziehungsangebot gemacht wird, weil er oder sie bestimmte Übertragungen vornimmt, sondern es ist mehr. Diese Beziehung ist Teil eines Spiels. Ich werde eingeladen in ein umfassenderes Spielmuster.

Ich ziehe es daher vor, nicht wie die Psychoanalyse von „inneren Objekten", sondern von inneren Spielen zu sprechen.[32]

Wenn ich mit einer realen Familie zusammenarbeite, dann ist die Gefahr, dass ich eingeladen werde oder die Einladung annehme, nicht so groß, weil ich viel mehr in der Außenperspektive bleibe. Schließlich sind ja die realen Spielpartner im Raum. Ich kann beobachten, wie Mutter und Sohn miteinander umgehen oder Vater und Tochter. Und ich bleibe außerhalb dieser Interaktion und Kommunikation. In dem Moment, in dem ich aber in der Zweiersituation der Einzeltherapie bin, werde ich nicht nur eingeladen, sondern ich spiele mit. Patienten spielen die Spiele, die sie halt können, und ich spiele die Spiele, deren Regeln mir besonders liegen. Wenn beides zueinander passt, dann spielen wir womöglich dasselbe Spiel und verstricken uns in irgendwelchen unendlichen Geschichten oder unendlichen Spielen.

König: Spielen heißt hier dasselbe wie das englische *game* im wittgensteinschen Sinne.

---

32 Siehe dazu ausführlicher Simon (2001a).

Simon: Nicht Spiel als Gegensatz zu Ernst, sondern Game wie Fußball oder Spiel wie in Sprachspiel, wenn Sie auf Wittgenstein verweisen.

König: Ein Game mit bestimmten Regeln oder Vorgaben zumindest.

Simon: Wenn man auf die psychische Ebene geht, dann müsste man eigentlich sagen, jeder Einzelne verfügt über ein Repertoire von Spielen, das er im Laufe seines Lebens erwirbt.

König: Das bezeichnet auch einen bestimmten Aspekt der inneren Objektbeziehungen. Die Spiele können durch weitere Erfahrungen modifiziert werden, wie ja auch die inneren Objektbeziehungen durch Erfahrungen modifiziert werden können. Im Begriff der projektiven Identifizierung steckt, dass innere Prozesse von Handlungsweisen begleitet werden, die bewirken oder dazu einladen, bei einer Reinszenierung früherer Objektbeziehungen mitzuwirken. Man kann auch vom interaktionellen Anteil der Übertragung sprechen. Objektbeziehungen werden inszeniert.

Simon: Wobei ich sagen würde, solche Objektbeziehungen sind Elemente von Spielen. Jedes Spiel hat eine gewisse Dramaturgie, wenn man so will, oder gewisse Spielregeln, und darin kommen bestimmte Rollen und Akteure vor.

König: Ja gut. Um aber einen Unterschied zwischen uns rauszustellen: Ich würde sagen, das Spiel ist ein bestimmter Aspekt der inneren Objektbeziehung.

Simon: Und ich würde es umgekehrt sagen.

König: Was bedeutet es denn, dass wir das verschieden bezeichnen oder sehen?

Simon: Ich glaube, das Spiel ist das Umfassendere, weil halt unterschiedliche Objekte drin vorkommen können, um den Begriff mal beizubehalten. Und es können auch mehr als nur ein Objekt vorkommen. Das heißt, wenn es um das Verstehen von Mehr-Personen-Systemen geht, scheint mir der Spielbegriff günstiger, denn solch ein

Beziehungs- und Interaktionsnetzwerk lässt sich nicht als Addition von Zweierbeziehungen auffassen. Hinzu kommt, dass in unterschiedlichen Kontexten unterschiedliche Spiele mit unterschiedlichen Akteuren (d. h. „Objekten") gespielt werden.

König: Also, jetzt verstehe ich, glaube ich wenigstens. Sie sehen es mehr so wie Charakter.[33] Wenn jemand umständlich ist, ist er mit allen und allem umständlich. Also nicht nur mit dem Vater oder der Mutter. Im Unterschied zu Übertragung, die ausgelöst werden muss; wenn jemand sich so verhält wie früher zum Vater oder wenn er eine soziale Position hat, die mit Autorität verbunden ist, und sein Vater war in der Familie eine Autorität, lösen diese Ähnlichkeiten eine Übertragung aus. Und was Sie sagen, ist eigentlich, dass die Spiele – da würde ich sagen: die Charakterzüge – relativ unabhängig sind von den ursprünglichen Objekten. Die können mit allen möglichen Leuten gespielt werden.

Simon: Wo immer sie herkommen. Also, ich habe Schwierigkeiten mit manchen psychoanalytischen Begriffen. Wenn man sehr konsequent, sehr radikal systemtheoretisch Position bezieht, dann müsste man eher von Kontextpersönlichkeit oder Kontextcharakter sprechen. Letztlich bestimmt der Kontext, welche Persönlichkeitsmerkmale man zeigt.

König: Ja, in Grenzen.

Simon: Ich, glaube, dass man Leute in unterschiedliche Kontexte setzen kann, und dann zeigen sie unterschiedliche Verhaltensmuster, die wiederum durch unterschiedliche Persönlichkeitsmerkmale erklärt werden könnten. Aber das sind Erklärungen und Zuschreibungen, die jeweils von Beobachtern vorgenommen werden.

König: Ja, das würde ich auch so sagen.

PERSÖNLICHKEIT UND KONTEXT

Simon: Was kann man überhaupt mit dem Begriff Persönlichkeit oder Charakter bezeichnen?

33 König (1992).

König: Ich will mal ein Beispiel bringen. Vielleicht können wir anhand des Beispiels diskutieren.

Ich bin, glaube ich, kein besonders pünktlicher Mensch. Im Umgang mit meinen Analysanden bin ich sehr pünktlich, aber das habe ich mir antrainiert. Als ich vor fünfzig Jahren in Spanien studierte, irritierten mich die Uhren in den Universitätsgebäuden. Jede Uhr zeigte eine andere Zeit an: Die Unterschiede waren nicht nur ein paar Minuten, sondern eine Viertelstunde, eine halbe Stunde, eine Dreiviertelstunde. Das hat mich geärgert. Es würde mich heute noch ärgern. Wenn ich aber in Deutschland bin, dann macht es mich oft kribbelig, wie zwanghaft es zugeht. Das heißt also, der eine Kontext aktiviert eher zwanghaftes Reagieren, der andere Kontext aktiviert eine Aversion gegen Zwanghaftigkeit.

Wenn ich in Urlaub bin, ist es wieder anders. In Tunesien kommt ein Zug entweder eine Dreiviertelstunde später oder pünktlich oder eine Dreiviertelstunde früher. Man muss also eineinhalb Stunden am Bahnhof einplanen, wenn man sicher sein will, dass man den Zug erreicht. Das hat mich nach kurzer Zeit nicht mehr gestört, sondern ich fand es ganz lustig. Oder ich fuhr in einem Eisenbahnwaggon, da waren die Stoßdämpfer kaputt. Man fühlte sich wie auf einem Trampolin, auf dem man zum Hüpfen gebracht wurde. Alle in dem Wagon hüpften und lachten, und ich lachte mit. Wenn ich nach Deutschland komme und da ist ein Waggon so kaputt, würde mich das eher ärgern.

Simon: Das heißt, dass der Kontext bestimmt hat, wie Sie reagiert haben.

König: Ja. Deswegen würde ich aber noch nicht glauben, dass man auf die Persönlichkeitskonzepte verzichten muss. In dem Beispiel wird ein bestimmtes Maß an Zwanghaftigkeit durch das Gegenteil aktiviert. Durch ein Zuwenig an Zwanghaftigkeit außen. Aber es ist innen etwas an Zwanghaftigkeit angelegt.

Simon: Ich glaube, es ist für die Praxis sowieso wurscht, ob man das so oder so konzeptualisiert. Mir geht es bei meinen Bedenken gegen das Persönlichkeitskonzept nur um die Gefahr, dass etwas Statisches impliziert oder stillschweigend vorausgesetzt wird und man aus dem Blick verliert, dass es auch dabei immer um die Dynamik von

Prozessen geht. Werden bestimmte psychische Muster aktiviert oder nicht? Entweder können solche Schemata aktiviert werden, die bereits vorgegeben sind, oder aber es können sich vollkommen neue entwickeln. Die Frage ist: Wie viel Statik wird mit dem Persönlichkeitsbegriff oder Charakterbegriff suggeriert?

Das hat natürlich therapeutische Konsequenzen. Wir versuchen in systemischen Therapien ja häufig, die Kontexte statt der Persönlichkeiten zu verändern, wenn wir familiäre Spielregeln zu beeinflussen versuchen.

König: Das ist jetzt ein ganz wichtiger Punkt, glaube ich. Also, Sie verändern die Kontexte, indem Sie versuchen, die familiären Spielregeln zu verändern, und ermöglichen dadurch, dass andere Seiten der Persönlichkeit aktiviert werden.

Simon: Ja, oder auch neu entwickelt werden. Die sind vielleicht noch gar nicht da.

König: Oder neu entwickelt werden … was aber eine gewisse Zeit braucht.

DAS UMFELD ÄNDERT SICH, DER MENSCH ENTWICKELT SICH – ODER UMGEKEHRT

Simon: Entwicklung scheint mir vom Prinzip her kein schlechter Begriff. Aus systemtheoretischer Sicht sind Entwicklungskonzepte ebenfalls sinnvoll. Menschen können sich verändern, obwohl: Es ist eine nicht ungefährliche Metapher. Man denkt leicht, es müsste etwas verwickelt oder eingewickelt sein, damit es sich dann entwickeln kann. Da muss man aufpassen.

König: Da wäre ich nicht drauf gekommen.

Simon: Zugegeben: Das ist ein grenzwertiger Kalauer. Aber generell scheinen mir etymologische Überlegungen höchst klärend. Und eigentlich will ich nur vor der Idee warnen, es würde bei Entwicklungsprozessen nur etwas entfaltet – auch ein interessanter Begriff –, was vorher schon da oder angelegt war.

Unsere Sprache ist voller Metaphern, und wie ein Sprachgebrauch entstanden ist, ist im Allgemeinen sehr erhellend. Schließlich bestimmt, um auch Wittgenstein ins Feld zu führen, der Gebrauch die Bedeutung der Wörter.[34]

Meines Erachtens findet auch in der systemischen Therapie Entwicklung statt. Die Frage ist nur, was sich entwickelt: der Symptomträger oder sein Umfeld?

König: Er, bezogen auch auf sein Umfeld.

Simon: Was aber ist das Umfeld, innerhalb dessen er sich entwickelt? Biete ich ihm als Therapeut – das scheint mir eher der traditionelle Psychotherapieansatz – eine Umwelt an, in der er sich entwickeln kann? Da haben die Therapiekonzepte unterschiedliche Modelle dafür, was entwicklungsfördernd ist. Das Holding Environment, zum Beispiel, und was sonst alles … Oder versucht man, das reale Umfeld, d. h. in den meisten Fällen: die Familie so zu beeinflussen, dass die Familienmitglieder fortan andere Entwicklungsbedingungen haben? Manchmal heißt das auch nur, dass die Blockierung der normalen Entwicklungsmöglichkeiten wieder aufgehoben wird. Wenn Sie so wollen, ist es eine Art „sozialer Wiederholungszwang", der zu Interaktions- und Kommunikationsmustern führt, die ihrerseits die Chronifizierung einer Symptombildung, die Blockierung einer eigentlich altersgemäßen Entwicklung bei einem Kind oder der Ko-Evolution eines Paares etc. zur Folge haben. Dann versuchen wir in der systemischen Therapie, diese festgefahrenen Muster zu unterbrechen.

König: Sie ändern also für jeden Einzelnen das soziale Umfeld. Also, man kann sagen, die Psychoanalytiker bieten dem Patienten Entwicklungsmöglichkeiten in einer Beziehung zum Therapeuten oder, in der Gruppenanalyse, zum Therapeuten und zu den übrigen Gruppenmitgliedern. Manche, zum Beispiel Balint, möchten dem Patienten die Möglichkeit bieten, quasi an den Ausgangspunkt ihrer Entwicklung zurückzukehren, um dann einen Neuanfang zu machen.[35]

Simon: Wobei der Analytiker gewissermaßen eine Gegenwelt schafft.

34 Wittgenstein (1958).
35 Haynal (1989).

König: Zumindest eine andere Welt als die alltägliche. Man nimmt dabei keinen unmittelbaren Einfluss auf die Familie oder auf die Leute am Arbeitsplatz.

Simon: Ein Einwand aus systemischer Sicht wäre, dass das dann eine gewissermaßen geteilte Welt ist: die Gegenwelt der Therapie auf der einen Seite und die alte, alltägliche auf der anderen Seite. Beide laufen nebeneinander her. Wobei immer die Möglichkeit, vielleicht auch die Gefahr besteht, dass die eine Welt eine kompensatorische Funktion für die andere übernimmt. Nach dem Prinzip: Die Alltagswelt brauchst du nicht zu ändern, weil ja jetzt ein Therapeut da ist, der eine kompensatorische Wirkung für die Unbilden des Alltags übernimmt.[36]

König: Ja. Ich glaube auch, dass in vielen Therapien mit einer Halt gebenden Funktion genau das gemacht wird. Wenn man nichts ändern kann, muss man substituieren, wie Insulin beim Diabetes, nur ist die Situation in der Psychotherapie natürlich komplexer. Das sind keine psychoanalytischen Therapien im engeren Sinne, es geht mehr um Betreuung als um Veränderung.

MUSTER – INTERPERSONELL ODER INDIVIDUELL INTERVENIEREN?

König: Es gibt bekanntlich hysterische Frauen, die sich auffällig verführend verhalten, und das lernen sie schon als Kinder. Ohne dass sie als Kinder die erwachsenen sexuellen Ziele haben, die mit einem solchen Verhalten bei Erwachsenen verknüpft sein können. Das heißt, sie haben einfach aus Erfahrung gelernt, was ankommt. Wenn ein Mann auf die erotischen Signale einer solchen Frau eingeht, wird er zurückgewiesen. Die Frau reagiert mit Abscheu und Ekel. Hier hat man es mit etwas zu tun, das in der Kommunikation entstanden ist. Es hat aber auch noch eine andere Seite. Diese Frauen leiden unter einer Blockierung ihrer sexuellen Impulse, und das ist wieder eine Voraussetzung dafür, dass sich jemand so unbekümmert verführend verhält, wie es diese Frauen tun. Wenn sie sexuelle Gefühle dabei haben könnten, würden sie nicht so unbekümmert sein.[37]

36 Vergleiche dazu ausführlicher Simon (1995, S. 118 ff.).
37 Vgl. Ekmann (1988); Simon (1994, 1995); König und Kreische (1991); König (1992).

Man kann natürlich jetzt sagen, das Innerpsychische sei eine Voraussetzung dafür, dass Kommunikation in einer bestimmten Weise erlernt wird. Ich könnte mir aber auch denken, dass umgekehrt Kommunikation in einer bestimmten Weise erlernt wird und dieses dann Einfluss aufs Innerpsychische hat. Zum Beispiel, wenn ein Kind mit einem in Ansätzen sexuellen Verhalten auf Ablehnung stößt, dann ist das das Primäre in der Kommunikation, und das wirkt sich sekundär auf das Innere aus.

Simon: Ja, aus systemischer Sicht sind das zwei gekoppelte Systeme, das psychische System und das Kommunikationssystem.

König: Das würde ich auch so sehen.

Simon: Und die beiden stabilisieren sich gegenseitig durch Rückkoppelungsstrukturen, zirkuläre Prozesse. Und bei zirkulären Prozessen ist es letztlich egal, wo man interveniert.

Es gibt ja diese schöne Untersuchung von Herrn Ekman[38], dem Humanethologen. Er hat untersucht, welche Gesichtsmuskeln bei einem depressiven Gesichtsausdruck, d. h. bei einer depressiv erscheinenden Mimik, angespannt werden, die bei Personen, die gut gelaunt erscheinen, nicht aktiviert werden, und umgekehrt. Als Nächstes hat er dann Patienten, die als depressiv diagnostiziert waren, die anderen Muskeln trainieren lassen, sodass sie in der Lage waren, gut gelaunt dreinzuschauen. Sie lächelten und zeigten eine Mimik, als ob sie nicht depressiv wären.

Das faszinierende Ergebnis war, dass sich bei einer signifikanten Zahl von Probanden das depressive Zustandsbild deutlich verbesserte.

Simon: Etwas, das wir traditionellerweise ganz klar als Wirkung innerpsychischer Zustände sehen, der Gesichtsausdruck, kann auf das, was wir im Allgemeinen als Ursache sehen, wirken: die Stimmung. Es funktioniert also nicht nur in der Richtung, dass sich die Stimmung auf den Gesichtsausdruck auswirkt.

Wenn wir – wie dieses Experiment nahe legt – sagen können, dass es eine Wechselbeziehung und Rückkopplung zwischen Ursa-

38 Ekman (1988).

74

che und Wirkung gibt, dann ist es vollkommen egal, an welchem Punkt des zirkulären Geschehens wir intervenieren. Das gilt meines Erachtens auch für die Wechselbeziehung zwischen psychischen und kommunikativen Mustern.

Selbst wenn bei Ekmans Vorgehen der depressive Zustand nur ein bisschen besser geworden sein sollte, wäre es immer noch frappierend. Ich finde es eine tolle Geschichte, weil sie theoretisch wie praktisch so bedeutungsvoll für die Therapie ist. Im therapeutischen Alltag stellt sich ja immer die Frage: An welcher Stelle intervenieren wir bei solchen miteinander verknüpften Rückkopplungsschleifen?

König: Das würde ich auch so sehen. Analoge Erfahrungen macht man ja auch beim Family Sculpting. Wenn man sich hinstellt und die Faust ballt, dann empfindet man Ärger. Ich meine, das wäre tatsächlich ein Beleg dafür, dass man an verschiedenen Stellen intervenieren kann.

Simon: Ja, ich interpretiere das zumindest so. Auch weil es mir von der Theorie her höchst sinnvoll erscheint. Aus einer pragmatischen Perspektive heraus ist es vollkommen egal, was zuerst war, die Henne oder das Ei. Wenn ich das Muster ändern will, muss ich irgendwo die Zirkularität unterbrechen.

Die grundlegende Frage aus systemischer Sicht ist daher: Wie können wir erklären, dass sich nichts ändert, dass ein Phänomen erhalten bleibt und ein Prozess wiederholt wird? Wenn wir diese Frage beantworten wollen, dann stoßen wir immer auf solche zirkulären Prozesse. Wenn wir diese Kreise stören, dann haben wir eine Chance, dass nicht mehr das Alte reproduziert wird. Ob stattdessen etwas Besseres gemacht wird, ist damit natürlich noch nicht gesagt. Das ist dann das nächste Problem. Aber wir haben erst mal das Muster unterbrochen.

Dann stellt sich aus systemischer Sicht die nächste Frage: Wie können wir die Wahrscheinlichkeit erhöhen, dass etwas Besseres dabei herauskommt als das, was vorher war? Wir fragen ja: Was ist der Gewinn eines Patienten oder einer Familie, wenn sie immer wieder dasselbe machen? Womöglich, weil er oder sie nicht wirklich die Option zur Veränderung hat, d. h. aus der jeweils subjektiven

Sicht nichts Besseres (er)finden kann, als stets dasselbe zu wiederholen.

König: Bei einem psychoanalytischen Verfahren ist die Zielsetzung ähnlich: Pathologische Beziehungsmuster sollen durch andere ersetzt werden, mit denen der Patient besser leben kann. Das geht dann meist so, dass mit dem Patienten erarbeitet wird, welche Nachteile und welche Vorteile bestimmte Beziehungsmuster haben. Im günstigen Fall wird er sich auch für das Zustandekommen dieser Beziehungsmuster interessieren. Er wird nach anderen Möglichkeiten suchen, seine Beziehungen zu gestalten. Die brauchen ihm vom Therapeuten nicht jedes Mal vorgeschlagen zu werden, weil er im Bekanntenkreis oder meinetwegen auch im Kino oder im Fernsehen andere Beziehungsmuster vorgeführt bekommt. In therapeutischen Gruppen sieht er Beziehungsmuster der anderen Gruppenmitglieder, die in dem Bereich, wo er seine Schwierigkeiten hat, keine oder wenige haben, oder er sieht seine eigenen Beziehungsmuster beim anderen und kann sie beim anderen leichter infrage stellen. Deswegen bin ich ja auch für heterogen zusammengesetzte Gruppen.

Der Patient kann neue Beziehungsmuster in der Therapie ausprobieren, wobei der Therapeut, in Gruppen meist auch die anderen Gruppenmitglieder, solchem Experimentieren gegenüber toleranter ist, als der Patient das sonst wo antreffen dürfte. Durch Einsicht und durch Neuerfahrungen werden die pathogenen Beziehungsmuster allmählich zum Verschwinden gebracht, und neue können ausprobiert werden, parallel zum Prozess der Auflösung alter Beziehungsmuster. Der Patient wird mit diesen neuen Beziehungsmustern allmählich vertraut und kann immer kompetenter mit ihnen umgehen.

KONKURRIERENDE SYSTEME

König: Wenn es darum geht, was sich in psychoanalytischen Therapien abspielt, finde ich ein systemisches Gruppenkonzept von Caroline Garland[39] ganz nützlich …

Sie sagt, eine Therapie – sie denkt an Gruppen, aber man kann es auch auf die Einzeltherapie übertragen – ist ein konkurrierendes System. Und die Erfahrungen, die in diesen konkurrierenden Syste-

---

39 Garland (1982).

men gemacht werden, beeinflussen die Sichtweisen auch in den anderen Systemen; und zwar umso stärker, je höher das „System Therapiegruppe" bewertet wird.

Ich finde das ganz einleuchtend. In den analytischen Therapien hat man ja schon immer einen großen Wert darauf gelegt hat, dass sie wichtig genommen werden. Es ist ganz wichtig, dass die Leute kontinuierlich kommen. Wenn sie nicht kommen, müssen sie etwas bezahlen. Wichtig ist auch, dass der Analytiker zuverlässig zur Verfügung steht.

In Gruppentherapien ist es oft so, dass die Gruppen idealisiert werden. In Einzeltherapien wird der Therapeut idealisiert, in der Gruppentherapie Therapeut und Gruppe. Und diese Idealisierung erhöht das Gewicht dessen, was im therapeutischen System passiert. Das garlandsche Konzept rechtfertigt bestimmte Verhaltensweisen von Analytikern, die oft für übertrieben gehalten werden, zum Beispiel eben, dass sie so großen Wert auf Pünktlichkeit und Kontinuität legen. Das ist insofern therapeutisch sinnvoll, als der Stellenwert des therapeutischen Systems dadurch erhöht wird.

Simon: Ich meine auch, dass es sinnvoll ist, zu sagen, dass das, was in dem einen System erfahren wird, sich auch auf das andere übertragen lässt. Aber ich denke, die andere Annahme ist genauso plausibel. Dass das eine System sich nicht ändern muss, weil das andere kompensiert und dadurch stabilisiert.

König: Ich glaube, das ist im Einzelfall zu differenzieren.

Simon: In Paartherapien finde ich das sehr oft: „Wir gehen zur Therapie, denn wenn wir nicht zur Therapie gehen würden, müssten wir etwas ändern. Dann hätten wir keine Hoffnung, dass *sich* etwas ändert." Das ist zu beobachten. Ich will aber nicht behaupten, das sei die Regel …

König: Ich kenne das auch, ja. Also, dass die Leute einfach kommen, und die wollen nicht eigentlich Therapie machen, sondern sie wollen die Verantwortung an jemanden delegieren.

Andere wieder kommen, damit man ihnen sagt, ihr könnt euch trennen, es geht nicht mehr.

Simon: Aber auch, um sich die Hoffnung, dass sich etwas ändert, ohne selber etwas ändern zu müssen, aufrechtzuerhalten.

König: Klar, man muss es sich im Einzelfall, glaube ich, ansehen.

EINZEL- UND MEHR-PERSONEN-SETTING

Simon: Schauen wir noch mal: Was sind in Bezug auf die Funktion des Therapeuten Gemeinsamkeiten und Unterschiede zwischen den psychoanalytischen und den systemischen Sichtweisen? Was ist die Rolle des Therapeuten in der systemischen Therapie, speziell in der systemischen Familientherapie?

Die Systemiker sind ja sehr darauf aus, dass ihr Therapieverfahren als eigenständig und in verschiedenen Settings anerkannt wird. Ich denke auch, dass es sollte, weil es eigenständige theoretische Modelle zugrunde legt. Ich bin trotzdem nicht so glücklich mit all meinen Kollegen, die jetzt systemische Therapie im Einzel-Setting propagieren, weil ich meine, dass sie die große Chance, die gerade in einem Mehr-Personen-Setting liegt, nicht wahrnehmen. Sie erhalten als Therapeuten eine andere Rolle, wenn sie in der Zweiersituation sind, als wenn sie in der Familiensituation sind.

König: Worin sehen Sie den Unterschied?

Simon: In einer Einzeltherapie wird der Therapeut gewissermaßen zur relevanten Umwelt für den einzelnen Patienten. Die Therapie, die Zweiersituation, wird nicht nur, wie bereits diskutiert, zur Gegenwelt zur Familie, zur Arbeitswelt usw., sondern hinzu kommt für den Therapeuten die Schwierigkeit, dass das einzige Kommunikationssystem, das er beobachten kann, diese Zweierinteraktion ist. Und an deren Herstellung ist er nun mal maßgeblich mitbeteiligt. In dem Moment, wo er mit einer ganzen Familie arbeitet, ist er zwar auch Teil des therapeutischen Systems, aber es gibt daneben noch das Familiensystem, das er beobachten kann. Und dem gegenüber ist er in der Außenperspektive.

Wenn er so interveniert, dass sich die Spielregeln der Familie verändern, so können sich für den Patienten neue Entwicklungsmöglichkeiten eröffnen. Die brauchen sich dann nicht im therapeutischen System zu ergeben, sondern im realen Alltagsleben der Familie.

Veränderungen werden dementsprechend nicht in der Therapiestunde erwartet, sie können und müssen zwischen den Sitzungen in der bzw. durch die Familie vollzogen werden.

Das heißt aber auch, der Therapeut ist viel weiter draußen, viel distanzierter, weniger wichtig.

König: Sie haben Einfluss, ohne verwickelt zu sein.

Simon: … ohne verwickelt zu sein. Ich bekomme aber von den Patienten auch nicht, was Psychoanalytiker von ihren Analysanden bekommen. Ich werde beispielsweise viel weniger das Objekt von Vater- oder Mutter-Übertragungen, weil Vater und Mutter im Raum sitzen.

König: Ja.

Simon: Das heißt, die Erwartungen an mich als Therapeuten sind geringer. Trotzdem sind meine Einflussmöglichkeiten groß. Sie sind m. E. sogar größer als in der Einzelsitzung. Es reicht ja, wenn die Leute ein oder zwei gute Ideen mitnehmen, um etwas Neues zu machen. Und es muss nur einer der beteiligten etwas verändern, um das familiäre Muster durcheinander zu bringen oder neu zu ordnen.

König: Dann kann es schon zu einer Veränderung kommen …

Simon: … kann, muss allerdings nicht. Manchmal ändert sich gar nichts. Aber der Patient bestimmt nicht allein über den professionellen Erfolg des Therapeuten. Es sind unterschiedliche Personen im Raum, die allesamt dazu beitragen, dass sich etwas verändert oder nicht, oder die zumindest dazu beitragen *können*. Das ökonomisiert die Sache sehr. Manchmal finden plötzliche und überraschende Veränderungen statt. Unabhängig davon, ob der Patient nun im Widerstand ist oder veränderungs- und therapiewillig ist oder nicht. Familientherapeutische Settings, so wie wir sie verwenden, sind ja bei der Arbeit mit Psychotikern entwickelt worden. Und da zeigt nicht immer der Patient den größten Veränderungswunsch oder Leidensdruck, sondern oft sind es andere Familienmitglieder. Wenn ich nur mit demjenigen arbeite, der am ambivalentesten gegenüber Veränderungen ist – dem Patienten zum Beispiel –, dann nehme ich mir natürlich Möglichkeiten, die ich habe, wenn ich mit jemandem arbeite, dessen Leidensdruck ganz ambivalenzfrei ist. Bei Eltern ist das, zum Beispiel, manchmal der Fall. So eröffnen sich andere Veränderungsmöglichkeiten: Die Eltern können ihr Verhalten gegenüber dem Patienten ändern usw.

König: Ja, ich überlege gerade. Das ist eine interessante Sichtweise, dass man sagt, ich habe mehr Leute, die ich beeinflussen kann, und da kann mehr Neues passieren. Bisher ging ich davon aus, der hauptsächliche Vorteil der Familientherapie sei, dass die Familienmitglieder mehr einbezogen sind und deshalb die Veränderung des Indexpatienten weniger behindern. Aber Sie sagen ja darüber hinaus eigentlich, sie sind eher motiviert, am therapeutischen Prozess teilzunehmen ohne dass Sie es in jedem Fall intendieren, werden sie entsprechend beeinflusst. Und dadurch ergeben sich Veränderungsmöglichkeiten.

Simon: Ja, wenn die Spielregeln des familiären Zusammenlebens sich verändern, dann ist die Umwelt, die soziale Umwelt für den Patienten, aber auch für alle anderen verändert. Und da ergeben sich produktive Entwicklungsmöglichkeiten, und zwar eben nicht nur eine Stunde am Tag viermal die Woche, sondern 24 Stunden am Tag; auf jeden Fall sehr, sehr viel länger. Und sehr, sehr viel radikaler. Das heißt, die Intervention gilt nicht dem Patienten, sondern der Familie.

SYSTEMISCHE UND TIEFENPSYCHOLOGISCH FUNDIERTE THERAPIE

König: Und wie ist es dann, wenn man versucht, mit einem Einzelpatienten systemisch zu arbeiten?

Simon: Da gibt es inzwischen auch verschiedene Schulen. Aber letztlich ist all diesen systemischen Ansätzen gemeinsam, dass sie die Aufmerksamkeit sehr viel mehr auf die aktuelle Interaktion und die aktuellen Kommunikationsprozesse richten als auf die Historie des Patienten ...

König: In jedem Setting?

Simon: Ja. Selbst wenn man mit einem Einzelnen arbeitet, geht es darum, die Fokussierung auf seine bevorzugten Kommunikationsmuster zu richten, die Muster, in die er sich hineinbegibt; und schließlich, so könnte man wohl sagen, auch um seine Kommunikation mit sich selbst.

König: Nicht so sehr die Kommunikation mit dem Therapeuten?

Simon: Nicht so sehr die Kommunikation mit dem Therapeuten. Es dreht sich eher um die Frage, welche „innere Familie" einer mit sich herumträgt, welche inneren Konversationen zwischen seinen inneren Familienmitgliedern stattfinden; wie er sich auf diese verschiedenen Stimmen, die sich immer wieder zu Wort melden, bezieht, welche Geschichten er da immer wieder erlebt und reinszeniert und welche Konsequenzen er schließlich aus alldem zieht. Damit wird dann genauso oder zumindest so ähnlich umgegangen wie mit den realen Beziehungen und Interaktionen, über die der Patient berichtet.

König: Was Sie über die systemische Einzeltherapie sagen, erinnert mich sehr an das, was der Psychoanalytiker in den so genannten tiefenpsychologisch fundierten oder analytisch orientierten Therapien macht, bei denen man weniger in der Übertragung auf den Therapeuten arbeitet, sondern mehr an seinen Beziehungen außerhalb der therapeutischen Situation.[40]

In der Analyse entwickelt sich ja eine Übertragung, und man arbeitet dann an der Übertragung. Oder der Patient erzählt von den Personen, die ihm wichtig sind, und man arbeitet an den Beziehungen des Patienten zu ihnen. Ich mache das sehr viel übrigens, dass ich an den Beziehungen der Leute zu anderen Personen an der Beziehung als zu mir arbeite, vor allem in niederfrequenten Therapien.

40 König (1993).

81

Übertragung spreche ich in solchen Therapien dann an, wenn es sich anbietet, während Gill[41], den ich sehr interessant finde, sagt, man muss die Übertragung aufspüren und unbedingt manifest machen und herausarbeiten.

Simon: Das wäre ja auch eine relativ klare Position. Wenn man in der systemischen Therapie mit der Kontextklärung anfängt, beginnt man ja eigentlich mit der Therapeut-Patienten-Beziehung. Der Therapeut fragt: Wer bin ich für den oder die Patienten? Er versucht herauszufinden, welche Rolle ihm zugedacht ist. Und diesen Erwartungen und Hoffnungen bezüglich des Therapeuten wird viel Raum gegeben. Dadurch wird erst einmal ein Marker gesetzt, dass die Therapeut-Patienten-Beziehung wichtig ist.

Aber im Folgenden gilt die Aufmerksamkeit mehr den realen Beziehungen in der Familie. Und immer dann, wenn man als Therapeut das Gefühl hat, in der Situation aktuell, in dieser Therapiesitzung oder in dieser Phase der Therapie verändert sich die Beziehung zum Therapeuten in irgendeiner Art und Weise, und es passiert etwas, was man sich als Therapeut nicht ohne weiteres zurechnen kann, dann stellt man sich sinnvollerweise die Frage: Was habe ich verändert?

Wenn ich das Gefühl habe, mir werden Gefühle entgegengebracht, bei denen Anlass und Ausmaß nicht zueinander passen, tritt wieder die Therapeut-Patienten-Beziehung in den Fokus meiner Aufmerksamkeit. Das heißt, wenn man als Therapeut das Gefühl hat, man verwickelt sich, dann sollte man aus systemischer Sicht seine Aufmerksamkeit wieder klar auf diese Beziehung fokussieren und dies thematisieren.

König: Also, das entspricht ziemlich genau, in den Grundzügen, dem Vorgehen einer tiefenpsychologisch fundierten Therapie. Bei der es auch zunächst mal darum geht: Kann ich mit dem Patienten, kann der mit mir? Dann liegt der Fokus auf der Arzt-Patient- oder Patient-Arzt-Beziehung, und dann geht er mehr auf die anderen Beziehungen. Wenn eine Übertragung manifest wird, spricht man sie an. Was Sie als systemisches Vorgehen beschreiben, hätte man zu einem

41 Gill (1982).

Gutteil auch für die tiefenpsychologisch fundierte Therapie sagen können.

Die niederfrequenten Therapien haben einen breiten Indikationsbereich. Die meisten Psychoanalytiker haben eine gemischte Praxis: einstündige, zweistündige, dreistündige oder auch vierstündige Therapien. In den USA haben viele Analytiker nur ein oder zwei Patienten in Analyse. Regression kann nützlich sein, ist es aber nicht immer. Diese Ansicht setzt sich immer mehr durch.

Simon: Regression ist sicher kein Ziel und kein Mittel systemischer Therapie.

König: In der Psychoanalyse ist Regression eng mit der Vorstellung des Neuanfangs verbunden. Dass jemand zurückgeht und dann neu beginnt.[42]

RESSOURCENORIENTIERUNG

Simon: Es gibt aber einen durchgängigen wichtigen Unterschied zwischen den systemischen und den tiefenpsychologisch fundierten Ansätzen. Ich bin in der Hinsicht aber sicher nicht mehr ganz auf dem Laufenden, was die Weiterentwicklung der tiefenpsychologisch fundierten Ansätze betrifft, da ich die Diskussion diesbezüglich nicht regelmäßig verfolge.

Aus systemischer Sicht ist man viel weniger an Pathologie orientiert, also an den Mustern, die in der Vergangenheit dafür gesorgt haben, dass ein Symptom kreiert wurde. Man ist an deren Entstehung, vor allem ihrer Aufrechterhaltung zwar theoretisch ebenfalls interessiert, aber in der Praxis des therapeutischen Alltags steht die Lösungs- und Zukunftsorientierung im Vordergrund.

Man rückt zum Beispiel die Ausnahmen vom Problem in den Mittelpunkt der Aufmerksamkeit: Wann gab es Phasen ohne Symptome? Wie waren die Bedingungen dafür? Wer hat was zu der Zeit anders gemacht? Treten die Symptome 24 Stunden am Tag auf? Wenn nein, unter welchen Bedingungen sind sie verschwunden, geringer, stärker usw.? Welche Interaktionsmuster lassen sich erkennen, die

42 Vgl. Balint (1970).

nicht mit einer Verschlechterung, sondern einer Verbesserung verbunden sind?[43]

Das Interesse des Therapeuten ist also weniger auf die Erklärung des Problems gerichtet als eher auf die potentielle Erklärung einer Problemlösung. Ziel ist dabei, einen kreativen Prozess zu fördern, der das Finden und Realisieren einer Lösung wahrscheinlicher macht.

König: Also im Sinne einer Ressourcenaktivierung. Wobei man die Ressourcen aktivieren will, die man voraussetzt?

Simon: Ja. Man geht davon aus, dass sie vorhanden sind. Das ist natürlich auch eine Frage des Menschenbildes …

König: Ja. Ich würde auch sagen, dass man die Ressourcenorientierung in der Psychoanalyse vernachlässigt hat. Weniger vielleicht, als es aussieht, aber doch. Man macht es jedenfalls nicht so explizit. Nicht alle fragen: Wann ist es denn besser mit der Symptomatik?

In der Psychoanalyse geht man oft davon aus, dass wenig Ressourcen vorhanden sind, vor allem bei ichstrukturellen Störungen. Die werden dann entwickelt, über eine längere Zeit. Man kann aber auch mit den Ressourcen arbeiten, die vorhanden sind. Das tut man in den psychoanalytischen Kurztherapien, und ich denke, das machen Systemiker auch. Die entwickeln Ressourcen nicht, sondern wecken sie.

Simon: Unter der Voraussetzung, dass sie schon da sind. Das heißt, erklärungsbedürftig ist wiederum eher, warum sie nicht genutzt werden.

König: Dazu habe ich ein Buch geschrieben: *Mit dem eigenen Charakter umgehen.*[44]

Dass man mit den vorhandenen Ressourcen etwas tun kann, ohne eine lange Therapie zu machen. Nicht so sehr, dass man sie entwickelt, sondern dass man mit denen, die vorhanden sind, auszukommen sucht.

---

43 Vgl. de Shazer (1989).
44 König (2001b).

Simon: Das ist aber sicher aus irgendwelchen technischen Überlegungen aus der Therapie abgeleitet.

König: Nur aus der Kurztherapie. In der Psychoanalyse ist der Umgang mit den Ressourcen nicht zufrieden stellend konzeptualisiert.

Simon: Ich denke sogar, explizite Ressourcenkonzepte gibt es in der Psychoanalyse nicht.

König: Vorstellungen von notwendigen Ressourcen gibt es schon. Im Zusammenhang mit der Analysierbarkeit. Es gibt da ein ganzes Bündel von Fähigkeiten, die man voraussetzt.

Simon: Sie werden als selbstverständlich vorausgesetzt ...

König: Ja, oder man fragt eben, ob sie da sind oder nicht. Wenn genug da sind, fängt man an. Sonst überlegt man eine Indikation für eine andere Behandlungsform. Ressourcen haben, glaube ich, nicht überall die gleiche Bedeutung. Ich meine, dass die Systemiker nicht alle fragen, ob Ressourcen da sind, sie setzen Ressourcen einfach voraus. Jeder Mensch hat welche.

Simon: Es gibt da offenbar unterschiedliche Voraussetzungen in den beiden Modellen. Oder, um in der von mir vorgeschlagenen Systematik zu bleiben: Unterschiedliche Phänomene gelten als erklärungsbedürftig; einmal, dass die Ressourcen nicht genutzt werden, und das andere Mal, dass sie genutzt werden. Als Systemiker frage ich mich: Wie kommt es, dass jemand seine „natürlichen Ressourcen" nicht nutzt? Wobei sich natürlich die Frage stellt, was natürlich ist.

Auf jeden Fall liegt der Fokus in der systemischen Therapie eher auf den Ressourcen, und irgendwelche findet man immer. Die kann man dann halt nutzen.

Psychoanalytiker schauen eher auf Abweichungen von dem, was man eigentlich an Ressourcen haben sollte, d. h., ihnen fällt die negative Abweichung auf. Systemiker freuen sich hingegen, wenn sie Ressourcen finden, und nutzen sie dann. Dahinter steckt auch eine unterschiedliche Art der Beobachtung, und es entsteht ein unterschiedliches Menschenbild.

König: Diese Unterschiede gibt es, allerdings in unterschiedlichem Ausmaß bei verschiedenen Analytikern. Der Systemiker sucht also nach einzelnen Ressourcen …

Simon: Ja, und er geht nicht davon aus, dass man erst ein Package von Minimalressourcen besitzen muss, um überhaupt auf die Straße gehen zu dürfen. Ich karikiere das jetzt natürlich.

Man schaut nicht in die Vergangenheit, um festzustellen, welche Defizite entstanden sein könnten, sondern man schaut in die Vergangenheit unter dem Aspekt: Was hat der Patient oder die Familie bisher schon alles gemacht oder gekonnt?

Ich meine, es ist kompatibel mit dem analytischen Modell, wenn man fragt: Was hat den Betroffenen eigentlich in die Lage versetzt, bis heute zu überleben? Er muss Ressourcen gehabt haben. Und wenn er die hatte, dann kann er sie auch weiterentwickeln oder zumindest weiternutzen.

Ich will es mal mit einem Beispiel illustrieren: Ich hatte einen guten Bekannten, der war Sportler, Zehnkämpfer. Er war in neun Disziplinen ziemlich gut, aber in einer war er schlecht, dem Kugelstoßen. Und dann hatte er die irrwitzige Idee, auch angeleitet durch einen wohlmeinenden Trainer, besonders viel Zeit und Mühe in das Training des Kugelstoßens zu investieren. Doch auch damit wurde er nicht einmal zu einem mittelmäßigen Kugelstoßer. Jahre später kam er drauf, dass es viel schlauer gewesen wäre, wenn er die Kugel einfach neben den Ring gelegt und die Disziplinen, in denen er gut war, trainiert hätte. Dann wäre er in seiner Gesamtleistung viel besser geworden und wahrscheinlich zur Olympiade geschickt worden.

Akzeptiert man einfach, dass man irgendetwas nicht richtig kann oder in dem Bereich eine Schwäche hat – meinetwegen kann man es auch Defizit nennen –, oder versucht man, sie oder es auszugleichen, um einem fiktiven Normzustand oder Idealzustand gerecht zu werden? Akzeptiert man etwas als Teil der Vielfalt dessen, was es auf der Welt gibt, und kultiviert stattdessen das, was man besonders gut kann?

König: Es gibt ja Leute, fällt mir aus dem Erfahrungsbereich Studentenberatung ein, die studieren genau das, was ihnen nicht liegt.

Simon: Das scheint ja auch für manche Psychotherapeuten zu gelten. Auch als Psychotherapeut steht man ja vor der Aufgabe, seine eigenen Ressourcen zu nutzen und mit seinen Defiziten umzugehen.

König: Also, ich sage in der Ausbildung immer, es genügt nicht, neurotisch zu sein.

Simon: Schöne Formulierung.

König: Gewisse spezifische Ressourcen sind nötig. Man findet in fast jeder Klinik einen Chirurgen mit zwei linken Händen und lauter Daumen. Ich hatte als Gymnasiast mal die Idee, ich müsste reine Mathematik studieren, was mir nun überhaupt nicht liegt, was ich nicht wirklich gut konnte.

Dass man etwas nicht kann, kränkt einen eben. Wenn man irgendetwas nicht so gut kann, dann denkt man: Die anderen Sachen kann ich eh, jetzt muss ich mich auf das konzentrieren, was ich nicht kann, das scheint der mit dem Kugelstoßen ja auch so gesehen zu haben.

Simon: In diesem Zusammenhang stellt sich für mich auf einer prinzipiellen Ebene die Frage: Was setzt man als Norm voraus? Als minimale Anforderung, die man bringen muss und an der man sich dann auch orientiert – oder ist man sehr viel offener? Ich habe beobachtet, dass ich meine Patienten – in all ihrer Schrägheit manchmal – leichter akzeptiere, seit ich systemisch arbeite. Ich scheine sie nicht mehr so normativ zu betrachten, wie ich es im Grunde, ohne es zu merken, vorher getan habe. Auch den merkwürdigsten Symptomen kann ich jetzt noch eine gewisse Freude abgewinnen, auch unter dem Aspekt, dass die Bildung eines Symptoms eine hoch kreative Leistung ist. Daraus ergibt sich, glaube ich, ein Stück Gelassenheit für den Therapeuten, aber auch für den Patienten.

König: Ich denke, dass Psychoanalytiker sich zumindest drum bemühen, Symptome als Leistungen zu sehen. Das werden Sie in Ihrer überwiegend psychoanalytischen Zeit auch getan haben. Vielleicht haben wir aber dieses Unbeschwerte nicht: Da ist zwar ein Defizit, aber es ist ganz lustig, wie der Patient damit umgeht. Es gibt ja auch die Schwellenkriterien.[45] Da geht es um Schwellensituationen des Lebens, bei denen man fragt, wie die Leute sie – zum Beispiel: Eintritt in den Kindergarten, Schulbeginn, erste Partnerschaft oder erste sexuelle Erfahrung und so weiter – verarbeitet haben. Da findet man bei schwer Gestörten natürlich, dass die das zum großen Teil nicht gut geschafft haben.

Simon: Das Konzept der Schwellensituationen finde ich, nebenbei gesagt, ist auch systemisch gesehen ein sehr hilfreiches Konzept. Weil sie letztlich immer mit so etwas wie einem sozialen Kontextwechsel verbunden sind, vom Kindstatus zum Erwachsenenstatus etwa. Es geht fast immer um eine neue Selbstdefinition und um neue Beziehungsformen, die praktiziert werden müssen.

ICH-FUNKTIONEN

König: Was will aber ein Systemiker mit einem Patienten machen, dessen Ressourcen offensichtlich sehr eingeschränkt sind? Ich denke weniger an die psychotischen Patienten. Ich denke mehr an so genannte Frühstörungen, bei denen bestimmte Ich-Funktionen beeinträchtigt sind.

Simon: Nennen Sie doch Beispiele.

König: Eine Ich-Funktion wäre zum Beispiel die Fähigkeit, innen und außen zu unterscheiden; eine Fähigkeit, die bei Psychosen verloren gehen kann, sodass der psychotische Patient innere Fantasien, die er nach außen projiziert, als zutreffend erlebt. Eine weitere Ich-Funktion ist die Frustrationstoleranz. Frustrationstoleranz bewirkt, dass man nicht ausrastet, wenn man nicht bekommt oder nicht bewirkt, was man haben will oder bewirken möchte. Affekttoleranz wäre die Fähigkeit, starke Gefühle auszuhalten. Impulskontrolle ist die Fähigkeit, innere Impulse nicht unreflektiert in Handeln umzusetzen, sondern sie bei sich zu behalten, wenn es unzweckmäßig ist, sie umzusetzen. Das können aggressive Impulse sein; man möchte jemandem eine kleben und tut es nicht, weil die Folgen für einen selbst

45 Heigl (1987).

88

nicht absehbar wären, oder man möchte eine attraktive Frau anfassen und tut es nicht, weil das zum Entwicklungsstand der Beziehung nicht passt.

Ich finde es nützlich, die Ich-Funktionen zu benennen und sich einen Überblick darüber zu verschaffen, welche Ich-Funktion ein Patient einsetzt; auch um den ichstrukturellen Anteil der Störung einschätzen zu können oder, ins Positive gewendet, die Ressourcen zu erkennen, die doch in der Struktur eines Patienten liegen.

Ich-Funktionen können nicht entwickelt oder gelähmt sein. Wenn sie gelähmt sind, kann man sagen, gut, dann sind die Ressourcen noch vorhanden, man könnte sie aktivieren. Was macht man aber, wenn sie nicht entwickelt sind?

Simon: Ja, da geht es ja wieder um die Frage, ob man sagt und denkt: Der Patient hat ein Defizit. Geht man davon aus, dass dem Patienten ganz kontextunabhängig irgendetwas fehlt? Systemiker fokussieren auf den Kontext und sie nutzen Defizitmodelle relativ selten. Sie glauben nicht, dass jemand ein Loch im Ich haben kann, so wie einem das Bein amputiert sein kann.

Vermutete Defizite sind Konstrukte, und zwar Konstrukte, die sich schwer verifizieren oder falsifizieren lassen. Es stellt sich daher nicht so sehr die Frage, ob diese Defizite tatsächlich existieren, sondern welche Konsequenzen die Idee des Defizits für die Therapie hat. Gehe ich von einem Mangel aus, so muss ich ihn irgendwie auffüllen oder kompensieren. Im schlechtesten Fall muss ich mich mit seiner Unveränderbarkeit abfinden und Prothesen bauen.

Verwende ich ein anderes Konzept, so komme ich zu anderen Schlussfolgerungen. Gehe ich von Ressourcen aus, so kann ich versuchen, sie zu nutzen.

Aus konstruktivistischer Sicht sollten solche im Prinzip hinsichtlich ihres Wahrheitsgehaltes unentscheidbaren Fragen stets nach Nützlichkeitserwägungen entschieden werden.

Und aus systemischer Sicht sollte man immer den sozialen Kontext in diese Erwägungen einbeziehen. Denn was immer man von dem Patienten sieht, was immer man über ihn erfährt, findet stets in einem spezifischen kommunikativen Rahmen statt.

König: Also, Sie betonen den Kontext und sagen, bestimmte Ich-Funktionen, die nicht vorhanden scheinen, sind vorhanden und könnten aktiviert werden, in einem anderen Kontext.

Simon: Auch die „Ich-Funktion" ist natürlich ein Konstrukt. Die Frage ist: Was kann man eigentlich beobachten? Ich habe mich neulich auf einem Kongress mit einem Psychotherapeuten aus der ehemaligen DDR unterhalten. Der sagte: „Tja, bis zur Wende, also bis zur Öffnung der Mauer, gab es keine frühgestörten Patienten in der DDR. Und seither gibt es sie." Nun frage ich Sie: Wie kann man das erklären?

König: Fragte er?

Simon: Nein, frage ich Sie. Er hat das nur einfach festgestellt. Mit der Mauer gab es sie nicht, ohne Mauer gab es sie.

Ich habe das natürlich sofort als ein Beleg für meine These genommen. Der Kontext hat sich geändert, und auf einmal zeigen Leute, die in einem anderen Kontext völlig unauffällig waren, Symptome oder auffällige Verhaltensweisen. Das heißt, der Kontext kreiert die Symptome.

Ich kann jetzt fragen: Was waren vorher die spezifischen Beziehungs- und Interaktionsmuster, was nachher? Vorher haben die Menschen eine „sichere" Umgebung gehabt, in der ihnen gesagt wurde, was sie zu tun haben, nachher nicht mehr. Mein Argument ist, dass es fragwürdig ist, Leute isoliert vom Kontext zu beurteilen.

König: Ja, ich glaube, den muss man berücksichtigen. Auch was die Therapien mit ihren Kontextangeboten betrifft. Ich kann mir schon vorstellen, dass in der früheren DDR eher substitutiv gearbeitet wurde. Ich kenne einen DDR-Therapeuten, der früher auf dem Bau gearbeitet hat. Am Bau wird viel getrunken. Und der sagte, offiziell gab es viel weniger Alkoholismus als im Westen. Die Alkoholiker fielen einfach nicht auf. Man hatte Patenschaften für Trinker, die wurden zur Arbeit gebracht. Da sind Kollegen morgens gekommen und haben sie aufgeweckt und zur Arbeit geschleppt.

Simon: Und haben ihnen das Bier geholt …

König: Ja, das vielleicht auch, das weiß ich nicht. Die Leute mussten jedenfalls ihre Ich-Funktion wenig einsetzen. Und von daher glaube ich schon, dass in diesem Kontext einfach ein Fehlen oder ein Wenig-entwickelt-Sein von Ich-Funktion weniger aufgefallen ist. Allerdings hat man auch in der westlichen Psychoanalyse anfangs diese ganzen Frühstörungen nicht erkannt. Was die freudschen Patienten in den Krankengeschichten angeht, hat man ja in jüngerer Zeit überlegt, ob sie nicht in Wirklichkeit Borderline-Patienten waren. Und ich glaube auch, dass man einen Borderline-Patienten behandeln kann, indem man den Ödipus-Komplex bearbeitet, wie das früher fast ausschließlich gemacht wurde, weil sich auch im Ödipus-Komplex die Borderline-Persönlichkeitszüge darstellen, sodass man sie dort bearbeiten kann.

Aber Sie sagen ja generell, ob jemand Symptome hat, hängt vom Kontext ab. Das stimmt sicher, zumindest in vielen Fällen. Zum Beispiel bei agoraphoben Patienten, die keine Angst haben, wenn jemand mitgeht.

Ich hatte mal eine phobische Patientin, die wegen pathologischer Eifersucht kam.[46] Und erst als sie immer von ihrem Mann träumte, der war immer dabei, wohin sie auch im Traum ging, fragte ich nach und fand heraus, dass sie eine Agoraphobie hatte. Sie wohnte mit ihrem Mann in einem Dorf in der Nähe von Göttingen. Die beiden hatten nur ein Auto, und wenn sie nach Göttingen fuhr, war der Mann immer dabei. In dem gut überschaubaren und vertrauten Dorf mit viel sozialer Kontrolle, die ihr lästig war, ihr aber auch Sicherheit gab, hatte sie keine Angst. Die Frage ist nur, welche therapeutischen Konsequenzen zieht man daraus? Man kann ja ein Umfeld so verändern, dass die Symptome verstärkt werden oder dass sie vermindert werden. Aber wie?

Simon: Ja, man kann es versuchen. Aber die Umfelder kann man nicht ohne weiteres determinieren.

König: Nein, aber man kann versuchen, Einfluss zu nehmen.

Simon: Und das finde ich das Elegante. Da kann man Einfluss nehmen, relativ gezielt. Man kann substituierende Funktionen in das

---

46 Vgl. König (1981).

Kommunikationssystem einfügen und gewissermaßen als äußere Strukturierung zur Verfügung stellen. Oder man kann im umgekehrten Fall auch dafür sorgen, dass sie nicht mehr zur Verfügung gestellt werden. Wenn äußere Funktionen nicht mehr durch Familienmitglieder oder Therapeuten oder Institutionen übernommen werden, dann besteht zumindest die Chance – wenn auch keine Sicherheit –, dass sie vom Patienten selbst übernommen werden.[47]

König: Ich sehe keine großen Diskrepanzen in unseren Auffassungen von der Kontextabhängigkeit der Symptome. Die Frage ist dann eben, wie man sich verhält. Ob man das Umfeld verändert oder ob man versucht, den Patienten so zu beeinflussen, dass er mit dem Umfeld besser umgeht. Was ja oft schwierig ist. Das weiß ich aus der stationären Psychotherapie. Manche Leute werden entlassen, und es ist alles wieder wie vorher. Da haben wir, glaube ich, keinen großen Dissens.

Im Übrigen ist ja, was die Borderline-Störung angeht, in Göttingen und in der Landesklinik Tiefenbrunn und an der Uniklinik Düsseldorf die Methode der psychoanalytisch-interaktionellen Therapie[48] entwickelt worden, bei der man versucht, die Entwicklung von Ich-Funktionen zu fördern, indem man dem Patienten Alternativen anbietet. Man sagt zum Beispiel, dass eine bestimmte Beziehungssituation auch anders gesehen werden kann. Es gibt noch andere Möglichkeiten, das würde vielleicht zu weit führen.

Simon: Erzählen Sie doch …

König: Über eine Nachreifung der inneren Objekte will man eine Nachreifung des Ich bewirken – bei Patienten, die nur archaische innere Objektvorstellungen haben und in einer Art Märchenwelt leben, in der es nur gute und böse Menschen gibt, nicht reale Menschen mit guten und bösen Eigenschaften. Im Umgang mit dem Therapeuten, der in diesem Verfahren seine Transparenz selektiv erhöht, etwa indem er über seine Gefühlsreaktionen auf den Patienten spricht, entsteht im Patienten ein neues inneres Objekt, das als Referenzobjekt verwendet werden kann. Wenn der Patient sich auf die-

---

47 Vgl. Simon (1995).
48 Heigl-Evers und Ott (1994).

ses Referenzobjekt bezieht, kann er Beziehungen zu anderen Menschen klären, indem er Vergleiche anstellt. Das hilft ihm dann in der Beurteilung von Beziehungssituationen. Existiert ein solches realitätsnahes inneres Objekt nicht, wird der Patient dem Therapeuten, der ihm sagt, er verhalte sich ihm gegenüber wie seiner Mutter, vielleicht sagen, dass er halt das Pech hat, auf einen Therapeuten zu treffen, der so ist wie seine Mutter. Er hält es nicht für möglich, dass der Therapeut anders sein könnte, als er ihn erlebt.

Die ursprünglich zugrunde liegende Theorie[49] ging von einem Defizit aus. Man ging davon aus, dass bestimmte Ich-Funktionen bei früh gestörten Patienten nicht entwickelt sind. Jetzt kommt man mehr zu der Ansicht, dass die Ich-Funktionen oft vorhanden sind, aber durch Konflikte gelähmt. Natürlich gibt es auch Patienten, bei denen ich sagen würde, bestimmte Ich-Funktionen seien nicht entwickelt. Wenn jemand unter ganz traumatischen Verhältnissen aufgewachsen ist.

PSYCHOSEN

König: Bei Psychosen sind bestimmte Ich-Funktionen sehr beeinträchtigt, darunter auch solche, die vor dem Ausbruch der Psychose relativ gut funktionierten, zum Beispiel die Unterscheidung zwischen innen und außen, im Sinne der Realitätsprüfung. Und Patienten, die darunter leiden, haben das vorher gekonnt.

Simon: Ja, offensichtlich.

König: Und da kann es ja nicht sein, dass diese Ich-Funktionen nicht entwickelt waren. Sondern die stehen in der Psychose nicht zur Verfügung. Man muss die Psychose behandeln, und dazu gehört oft eine Beeinflussung des Umfeldes.

Simon: Da Sie gerade über Psychosen reden: Mir fällt auf, dass wir die Aufmerksamkeit sehr auf den einzelnen Patienten richten.

König: Ja.

49 Heigl-Evers und Heigl (1973).

Simon: Wenn ich aber an Psychosen denke, dann scheint es mir, unserer Erfahrung nach, interessanter, über Kommunikationsmuster zu reden. Wir arbeiten ja in der Psychosentherapie mit Familien, auch wenn wir uns in der konkreten Sitzung häufig überwiegend mit dem Patienten beschäftigen. Aber die Familie ist dabei. Und es geht im Allgemeinen darum, etwas wieder in die Kommunikation einzuführen, was ausgeschlossen ist: den Patienten bzw. sein Verhalten.

Dadurch, dass der psychotische Patient sich in einer Weise verhält, die für seine Mitmenschen uneinfühlbar und unverstehbar ist, wird seinem Verhalten der Sinn abgesprochen; er wird exkommuniziert, und das nicht nur von den Familienmitgliedern, sondern auch und gerade von den Psychiatern. Sie liefern dann gern eine biologische Erklärung für dieses Verhalten. Der Patient ist halt krank im biologischen Sinne. Alle sind froh, weil sie von möglicher Schuld entlastet sind, aber alle sind auch ohnmächtig – außer den Ärzten vielleicht –, weil man ja bei einer Krankheit nichts tun kann, außer auf die Fortschritte der Medizin zu hoffen.[50]

Damit wird der Blick von der Funktion des Symptomverhaltens abgelenkt. Und die kann, beispielsweise, gerade darin bestehen, nicht verstanden zu werden. Wer nicht verstanden wird, kann sich seiner Grenze gegenüber seinen Mitmenschen sicher sein.

Wobei ich jetzt nicht sage, dass das der Zweck ist. Es muss nicht irgendeine Intention oder Absicht vorhanden sein, aber es ist zumindest eine der Wirkungen.

König: Ich denke sogar, dass es eine Intention sein kann.

Simon: Okay, aber ich kann nicht objektivieren, ob es das ist. Praktisch heißt das: Wenn ich sehe, dass jemand, der sich möglicherweise in seiner Autonomie bedroht fühlt, sich so verhält, dass er nicht verstanden wird, und dadurch eine Grenze zwischen sich und seinen Mitmenschen errichtet, dann kann ich darauf eingehen und versuchen, damit umzugehen.

Was wir tun, ist, dass wir versuchen, seinem Verhalten wieder Sinn zuzuschreiben. Dadurch wollen wir verhindern, dass er in einer chronifizierenden Patientenkarriere landet oder – nach dem Motto: „Wenn ich mich distanzieren und abgrenzen will, muss ich mich

---

50 Vgl. Simon (2000).

krank zeigen" – in der Krankheitsschiene bleibt. Deswegen versuchen wir relativ konsequent, dem Symptomverhalten des Patienten wieder einen Sinn zuzuschreiben: den Sinn der Abgrenzung.[51]

König: Versuchen Sie auch dabei zu helfen, andere Möglichkeiten der Abgrenzung zu entwickeln? Oder überlassen Sie das autopoietischen Prozessen?

Simon: Ja. Ich arbeite nicht mit ihm allein. Dann könnten wir ja in die Paradoxiefalle geraten, dass wir seine Grenze verletzen müssen, um ihm zu helfen, eine Grenze herzustellen. Wenn für die Menschen des jeweiligen sozialen und kulturellen Kontextes uneinfühlbares Verhalten ein Mittel der Abgrenzung ist, dann ist es das auch in der Beziehung zum Therapeuten. Wer also als Therapeut signalisiert, dass er den Patienten versteht, läuft Gefahr, ihm zu nahe zu treten. Wenn man aber die Idee in die Familie einführt, dass das merkwürdige Verhalten des Patienten dazu dienen könnte oder zumindest die Wirkung hat, sich abzugrenzen, so eröffnen sich den Beteiligten alternative Möglichkeiten, mit solchen Situationen umzugehen. Aus dem sinnlosen Verhalten, das von einer Krankheit verursacht ist, wird das sinnvolle Verhalten eines handelnden Subjekts.

König: Ja.

Simon: Aber wenn wir mit der Familie arbeiten und eine neue Sicht der Funktionen des Symptomverhaltens anbieten, dann eröffnen wir die Chance, dass auch andere Wege des Umgangs miteinander gesucht werden. Dass man weniger intrusiv mit dem Patienten umgeht, zum Beispiel, und ihn in Ruhe lässt. Die Tragik scheint mir zu sein, dass die Angehörigen bei dem Versuch zu helfen häufig gerade das tun, was nicht nur am wenigsten nutzt, sondern die Situation eskaliert.[52]

König: Ja. Die Familie kapiert, dass der psychotische Patient Abgrenzung braucht?

---

51 Retzer und Simon (2001b, d).
52 Simon (1990).

Simon: Zum Beispiel. Auf jeden Fall wird das, was er tut, wieder sinnhaftes Verhalten. Und dann gehen die Familienmitglieder anders damit um und überlegen sich vielleicht: Wozu ist das jetzt gut?, oder: Warum gerade jetzt? Das Verhalten ist nicht mehr so unberechenbar und fällt nicht mehr vom Himmel und wird nicht mehr nur der Zuständigkeit der Ärzte zugewiesen.

König: Aber da sehe ich jetzt auch eine Entsprechung zur psychoanalytischen Psychosentherapie, so wie ich sie kenne. Psychotisches Verhalten kann der Abgrenzung dienen.

Simon: Ja, das kann man durchgängig sehen, dass das eine mitlaufende Funktion ist. Herr Mentzos, auch ein Psychoanalytiker, verwendet ähnlich Konzepte wie wir in seiner Psychosentherapie.[53] Was den systemischen Ansatz meines Erachtens unterscheidet, ist, dass wir den Zugang über das Kommunikationssystem suchen. Das macht es uns natürlich erheblich einfacher. Wir schauen uns Kommunikationssysteme an, und die kann man relativ gut beobachten. Während man eine fremde Psychodynamik nur schlecht bzw. gar nicht direkt beobachten kann. Wir sprachen ja schon darüber, da muss man rekonstruieren oder auch konstruieren.

König: Sie sagen, Sie sind sicher in ihrer Intervention, weil Sie sich auf das Beobachtbare konzentrieren.

Simon: Ob wir damit wirklich sicherer sind, ist eine zweite Frage.

König: Sie erwarten das zumindest.

Simon: Es ist etwas einfacher, erst mal.

König: Ja, und alles, was einfacher ist, ist ja meist sicherer.

Simon: Das weiß ich nicht, ob es so viel sicherer ist. Aber man hat etwas Greifbares, an dem man sich festhalten kann …

53 Mentzos (2001).

König: Die Gefahr ist natürlich, denke ich mir, dass die Geschichte mit dem verlorenen Schlüssel passiert. Man sucht da, wo die beste Beleuchtung ist.

Simon: Nun, wir wissen ja, wo wir ihn verloren haben, den Schlüssel – nicht unter der Laterne. Das ist aber wahrscheinlich wirklich die entscheidende Frage: Wo ortet man die Pathologie erzeugenden Mechanismen? Unter der Laterne oder neben dem Busch? Im Kommunikationssystem oder im System Psyche?[54]

Primärer und sekundärer Krankheitsgewinn

König: In psychoanalytischen Therapien gibt es die Wahl einer Beeinflussung des primären und sekundären Krankheitsgewinns. Wenn ich den primären Krankheitsgewinn beeinflussen will, muss ich etwas am Innerpsychischen machen. Ich muss dann das Innerpsychische in die Beziehung bringen, in die Übertragung, und dann an dieser durch Übertragung mitbestimmten Beziehung arbeiten, in der Erwartung, dass sich dadurch innerpsychisch etwas ändert. Dann würde man die Entstehung des Symptoms im innerpsychischen Anteil beeinflussen, auch den primären Krankheitsgewinn, der ja durch das Symptom in der innerpsychischen Ökonomie entsteht.

Man könnte sich aber auch fragen: Welche Funktion hat dieses Symptom interpersonell bekommen? Das wäre der sekundäre Krankheitsgewinn. Wäre es nicht schon längst verschwunden, wenn es diese Funktion nicht hätte? Dann würde man am sekundären Krankheitsgewinn arbeiten.

Simon: Diese Unterscheidung zwischen primär und sekundär ist natürlich aus systemtheoretischer Sicht höchst fragwürdig. Sie konstruiert eine Hierarchie, obwohl letztlich beides miteinander eng verknüpft ist.

König: Ja, es ist verknüpft. Aber die Frage ist natürlich: Was war zuerst da? Gut, man kann sich fragen: Was war zuerst, die Henne oder das Ei? Ich meine, wenn eine Henne ein Ei legt, war sie zuerst da.

---

54 Ausführlicher zur Ortung pathogenetischer Mechanismen siehe Retzer und Simon (2001b).

Simon: Ja, aber letztlich ist es egal. Die Frage ist: Wie kriege ich den Fuß in die Tür? Oder, besser gesagt: … ins Nest, wie unterbreche ich das sich selbst erhaltende, zirkulär geschlossene Muster? Wie verhindere ich, dass aus Eiern Hennen werden und von Hennen Eier produziert werden?

STÖRUNG UND LÖSUNG BEI PLUS- UND MINUSSYMPTOMATIK

König: Und wie machen Sie das nun? Wie versuchen Sie anzuregen, dass andere Lösungen gefunden werden? Sagen Sie einfach, wir machen jetzt eine Störung, und dann kommt es von selbst?

Simon: Ich habe versucht, das zu systematisieren. Ich denke, es gibt zwei Typen von Symptomen. Oder zwei Arten, wie man Probleme beobachten und erklären kann. Die zeichnen sich dadurch aus, dass ein Phänomen, z. B. ein Verhalten, produziert wird, das nicht erwartet wird. Es wird dann als Symptom gewertet, und da es mehr ist, als allgemein erwartet wird, kann man es, der psychiatrischen Tradition folgend, als Plussymptom bezeichnen. Solche Symptome entstehen dadurch, dass irgendetwas gemacht wird, das man besser nicht machen sollte. Jemand vollzieht immer wieder irgendwelche Prozesse, die ihn immer wieder in dieselben Schwierigkeiten bringen. Da reicht es zu stören, um diesen sich selbst stabilisierenden Kreisprozess, dieses Muster zu unterbrechen.

Es gibt aber auch Probleme, die dadurch charakterisiert sind, dass ein Verhalten, das allgemein, d. h. im jeweiligen sozialen Kontext, erwartet wird, nicht gezeigt wird. Man steht morgens zum Beispiel nicht auf, wäscht sich nicht, geht nicht zur Arbeit, zeigt sich initiativlos usw. Diese Symptome kann man, gemessen an den Erwartungen, als Minussymptome bezeichnen. Sie entstehen, wenn etwas nicht gemacht wird, das besser getan würde. Da ist die Therapie sehr, sehr viel schwieriger.[55]

König: Nämlich?

Simon: Bei der Minussymptomatik reicht es eben nicht, irgendwelche Muster zu stören. Da muss der Therapeut Ideen stiften und Anre-

---

55 Zur Systematisierung von Symptomen in diesem Sinne und zu den daraus abzuleitenden Therapiestrategien siehe Simon (1995, S. 115 ff.).

gungen geben, wie es gemacht werden könnte. Und das ist schwer, weil man dann natürlich leicht in die Position des Animateurs, im wahrsten Sinne des Wortes, kommt. Und dann wird es unklar, wer mehr von der Therapie will, der Patient oder der Therapeut. Falls es da zum Machtkampf kommt, verliert der Therapeut immer.

Wir haben aber gute Erfahrungen damit gemacht, dass wir unser Augenmerk darauf richten, welches die Muster sind, die dafür sorgen, dass alles so bleibt, wie es ist, und sie den Beteiligten bewusst zu machen versuchen. Bewusst machen jetzt nicht im Sinne von tiefem Erleben, Einsicht verquickt mit Affekten, sondern ganz nüchtern im Sinne des Von-draußen-Draufschauens: Wie muss man es anstellen, damit genau dies und nichts anderes das Ergebnis der Interaktion ist? Der Patient und seine Familie werden als Beobachter gewissermaßen mit in diese Außenposition genommen. Auf diese Weise werden sie zu Supervisoren des eigenen Verhaltens bzw. des Interaktions- und Kommunikationsmusters, das sie gemeinsam herstellen und erhalten.

Dann lassen sich Fragen bearbeiten wie: Was sind die Vor- und Nachteile dieses Musters? Wie ist die Kosten-Nutzen-Rechnung für unterschiedliche Verhaltensweisen usw.? Damit kommt man relativ weit, da alle sehen, wie jeder die Bedingungen für das Verhalten aller anderen liefert.

König: Haben Sie ein Beispiel?

Simon: Ich habe mal ein Paar gehabt: Eigentlich kamen sie wegen des Sohnes, der Bettnässer war, aber nach zwei Minuten sagte die Ehefrau, der Sohn sei eigentlich nicht das Problem. Deswegen hätten sie ihn auch gar nicht erst mitgebracht. Sie seien zwar seinetwegen überwiesen worden, aber „unser Problem ist", sagte die Frau, „ich denke, mein Mann wird mich totschlagen." Etwas überrascht fragte ich: „Was denken Sie, wie wahrscheinlich ist es, dass Ihr Mann Sie totschlägt, wenn keine Therapie stattfindet?" Ihre Antwort: „Fünfundneunzig Prozent!" Ich fragte daraufhin den Mann: „Was meinen Sie? Glauben Sie auch, dass Sie Ihre Frau totschlagen, wenn keine Therapie stattfindet?" Antwort: „Ja!" Ohne langes Zögern. „Als wie wahrscheinlich schätzen sie das ein?" Antwort: „Neunzig Prozent!" Mit den beiden habe ich zwei oder drei Gespräche gehabt. Ich habe dabei sehr genau abgefragt und durchgespielt, was sie, die Frau, machen müsste, wenn sie wollte, dass ihr Mann sie totschlägt. Sie konnte genau sagen, in welchen Situationen sie die größten Chancen dazu hätte: „Wenn er am Samstagmorgen in den Baumarkt geht und dann nach drei Stunden wiederkommt, müsste ich ihm Vorwürfe machen, dass er so lange weggeblieben ist." Dann fragte ich ihn: „Wenn Sie wollten, dass Ihre Frau Ihnen an so einem Samstag Vorwürfe macht, wenn Sie vom Baumarkt kommen, wie können Sie es schaffen?" Und er antwortete: „Dann müsste ich beim Weggehen sagen, ich gehe nur mal kurz eine halbe Stunde in den Baumarkt, und dann erst nach drei Stunden wiederkommen." Und dann fragte ich sie: „Wie könnten Sie es erreichen, dass Ihr Mann Ihnen sagt, dass er nur eine halbe Stunde bleibt und dann doch erst später kommt?" (Oder so ähnlich) Und die Anwort war: „Ich müsste ihm beim Weggehen schon sagen, dass er auf keinen Fall so lange bleiben soll, und dabei vorwurfsvoll gucken." Und dann fragte ich ihn, usw.

Wenn man das so macht, kann man, vorauseilend und rückblickend zugleich, die einzelnen Stufen einer möglichen künftigen Eskalation zurückverfolgen. Und wenn man das drei- oder viermal macht, dann haben beide die Chance, beim nächsten Mal aus so einer Situation auszusteigen. An jedem Punkt der Eskalationen kann ja eigentlich jeder aus der Automatik aussteigen, die dadurch entsteht, dass jeder die Ursachen für sein eigenes Verhalten immer dem anderen zuschreibt und sich selbst nur als reagierend sieht. Nach drei oder vier Sitzungen habe ich dann gefragt: „Glauben Sie immer noch, dass Ihr Mann Sie totschlägt?" Daraufhin sagte sie: „Nein!" Auf meine Frage: „Wie wahrscheinlich ist es?", sagte sie: „Fünf Prozent!" Und er antwortete: „Nein, das glaube ich nicht." – „Wie wahrscheinlich ist es?" – „Null Prozent!" Diesen Unterschied von fünf Prozent haben sie sich erhalten zwischen Anfang und Ende, aber die Wahrscheinlichkeit war, da waren beide sich einig, um neunzig Prozent heruntergesetzt.

Diese Fallvignette ist ein Beispiel für den Blick von außen auf die Interaktionsdynamik. Das kann man auch bei anderen Symptomen machen. Symptome sind ja nicht 24 Stunden am Tag da. Da kann man immer Differenzierungen hineinbringen: „Haben Sie Ihren Waschzwang auch, wenn Sie schlafen?" – „Nein!" Aha, es geht also auch ohne! Keiner wäscht sich 24 Stunden am Tag. Es gibt auch Phasen, in denen man es nicht tut. Die Bedingungen lassen sich sehr genau aufdröseln, und man kann sehen, inwieweit noch andere Personen beteiligt sind.

Man kann solche Muster zu unterbrechen helfen. Die Beteiligten müssen dann ihre alten Verhaltensweisen nicht mehr wie selbstverständlich vollziehen. Im Prinzip reicht es aber, wenn einer der Beteiligten sich entschließt, etwas anderes zu tun. Dann ist das Interaktionsmuster unterbrochen.

Viel schwieriger ist es, neue Lösungen zu finden. Es muss etwas erfunden werden, das bisher noch nicht realisiert wurde. Dabei geht es eher darum, zukunftsorientiert auf die Situation zu blicken und zu erfragen, was alles schon mit welchem Erfolg oder Misserfolg probiert worden ist. Dabei kann man auch schauen, welche Ideen man als Therapeut hat, oder darüber informieren, welche Lösungen andere Leute verwenden. Diese Ideen kann man zur Verfügung stellen. Aber, wie gesagt, das ist die schwierigere Art von Therapie, finde ich. Mit all diesen Minussymptomen zurechtzukommen finde ich sehr mühsam.

König: Haben Sie da auch ein Beispiel?

Simon: Mir fallen dazu meist die chronischen Patienten aus der Psychiatrie ein. Wenn es um Beispiele aus der psychotherapeutischen Praxis geht, denke ich eher an Patienten, bei denen Vermeidung die Grundlage dafür war, etwas nicht zu tun. In solchen Fällen kann man ganz gut Aufgaben geben.

König: Vermeiden könnte man auch als Plussymptom sehen. Vermeiden kann ein aktives Verhalten sein.

Simon: Das ist natürlich generell schwierig, ein Symptom jeweils als Plus- oder Minussymptom zu kategorisieren, wenn man Unterlassungen, beispielsweise, auch als Handlungen definiert.

König: Ja, weil es mal so oder mal so auftritt.

Simon: Wenn man es nur aus der Beobachtungsebene sieht, kann man das nicht entscheiden. Da empfiehlt es sich wieder, sich von der Nützlichkeit leiten zu lassen. Da Plussymptome leichter zu behandeln sind, sollte man versuchen, seine Erklärungen in diesem Sinne zu konstruieren.

König: Nehmen wir mal an, dass ein Kind sich wünscht, krank zu sein, damit es keine Schulaufgaben oder keine Mathearbeit oder irgend so etwas machen muss. Sein Wunsch erfüllt sich aber nicht. Und dann manipuliert es das Thermometer, das wäre eine aktive Form.

Simon: Das wäre sehr aktiv, ja, offensichtlich.

König: Ja, aber was ist eine passive Form?

Simon: Dass jemand den Kontakt zum anderen Geschlecht vermeidet, aus Angst vor Kränkung und allen Chancen, diese Vorannahme bestätigende oder eben auch alternative, d. h. korrigierende Erfahrungen zu machen, aus dem Weg geht.

Auch da habe ich ein schönes Beispiel von einem jungen Mann, der sich zwar einerseits den Kontakt zu jungen Damen wünschte, ihn aber nicht fand, weil er auf der anderen Seite die damit verbundenen drohenden Kränkungen vermeiden wollte. Er saß am Wochenende zu Hause, wagte sich in keine Situationen, in denen er Mädchen hätte kennen lernen können, um keine Abweisungen zu riskieren. Da gaben wir ihm genau das als Aufgabe. Er sollte bis zur nächsten Sitzung mindestens einmal in eine Disko gehen und versuchen, sich so viel Körbe wie möglich zu holen. Ziel sei, die Bewältigung von Kränkungen zu trainieren.

In dem Fall ging der junge Mann natürlich bis zum Wochenende vor der nächsten Sitzung nicht in die Disko. Und als er ging, ging er, um die Konfrontation mit den Therapeuten zu vermeiden. Sie schien offenbar noch schlimmer als die drohende Kränkung, zumal das Üben der Kränkung ja auch deklariertet Sinn des Ganzen war. Er ging an diesem Wochenende nun aber nicht mehr in der Hoffnung in die Disko, endlich den Kontakt zu einer Frau zu finden, sondern er ging hin, weil er jetzt unsere Hausaufgaben erfüllen wollte; vielleicht auch wirklich, um zu trainieren, gekränkt zu werden und mit Kränkungen umgehen zu lernen. Er erhielt dabei ganz nebenbei die Chance zu erleben, dass er dann eben doch nicht gekränkt wurde.

König: Oder aber er wird gekränkt und hält es aus.

Simon: ... und er hält es aus. Die Erfahrung ist: Meistens wird er ja nicht so gekränkt, wie es seine Befürchtungen androhen. Aber er hat bei diesem Typ von Symptombildung keine Chance, diese Vorannahme zu falsifizieren, weil er sich gar nicht erst in die Situation begibt. Also muss ich ihn irgendwie dazu bringen, dass er sich die Chance zu neuen Erfahrungen eröffnet. Wenn ich davon ausgehe, dass alle Franzosen Menschenfresser sind und ich deswegen nie nach Paris fahre, dann gibt es keinen Grund, meine Vorannahme zu revidieren. Also ist die Frage: Wie kriege ich so einen Menschen an den Eiffelturm?

König: Was würden Sie ihm sagen, in diesem Beispiel?

Simon: Ich müsste mir eine andere Geschichte ausdenken, warum es sinnvoll ist, sich diesem Risiko auszusetzen, gefressen zu werden.

König: Aber Sie würden seine Befürchtung erst mal nicht infrage stellen, sondern sie würden sagen, du hast aber doch einen Grund, nach Paris zu fahren.

Simon: Genau, ich würde versuchen zu schauen, welcher Wertehierarchie er folgt. Ich würde zu nutzen versuchen, dass ihm etwas anderes wichtiger ist als die Sorge, gefressen zu werden. Möglicherweise würde ich auch die Beziehung zu mir nutzen, wenn ihm die wichtig ist.

König: Das erinnert mich an das kontraphobische Verhalten. Es gibt ja Leute, die im Grunde Angst haben, aber sich der Angst machenden Situation aussetzen, weil es sie kränkt, Angst zu haben. In einer psychotherapeutischen Klinik fand man zufällig heraus, dass der Nachtwächter Dunkelangst hatte. Der war Nachtwächter geworden, weil er Dunkelangst hatte. Er ging mit einem Schäferhund, der seine Angst etwas verminderte, trotz seiner Dunkelangst nachts durch das Gelände. Er hatte ein Motiv, das stärker war als die Angst. Er wollte nicht als ängstlich, nicht als Angsthase dastehen. Das zeigt, dass man mit Symptomen verschieden umgehen kann. Der eine vermeidet, und der andere setzt sich aus.

103

Simon: Die Frage ist ja: Wie kann ich eine Abweichung, einen Unterschied im Vergleich zu dem Verhaltens-, Denk- und Fühlmuster, das der betreffende praktiziert und unter dem er leidet, wahrscheinlich machen? Wenn er damit zufrieden ist, einen Schäferhund an seiner Seite zu haben, kommt er ja nicht zu mir. Dann wird er das eh so weitermachen, und ich kann das nur mehr oder weniger erstaunt oder amüsiert feststellen. Aber wenn er zu mir kommt und sagt, ich möchte etwas ändern, dann komme ich nicht umhin, mir Gedanken zu machen, wie er in der Interaktion mit dem Rest der Welt seine Vorannahmen bezüglich der Welt bestätigt. Und ich werde mich fragen: Wie kann ich ihm dann eine Chance für neue Erfahrungen eröffnen, die er ohne fremde Hilfe nicht hat?

König: Über den Nachtwächter weiß ich nichts Näheres. Vielleicht war der Mann nie in Therapie. Oder vielleicht ist er mal therapiert worden. Dabei ist die Symptomatik vielleicht vermindert worden, und dann hat er dieses kontraphobische Verhalten entwickelt, um mit dem Rest der Symptomatik umzugehen. Was Therapien betrifft, sagen Sie ja auch, man kann an Verschiedenem ansetzen, zum Beispiel an der Angst oder am äußeren Verhalten.

Simon: Wobei das zirkulär zu verstehen ist. Das eine hat mit dem anderen zu tun …

König: Und wenn es zirkulär verstanden wird, kann man auch verstehen, dass man es so oder so machen kann. Vielleicht ist das auch Geschmackssache. Ich mache es so oder so, je nachdem, was mir mehr liegt. Oder man überlegt, was bei einem bestimmten Patienten besser geht.

Ein Symptom bekommt einen Sinn

König: Sie haben ja in dem Buch *Die Kunst, nicht zu lernen*[56], dem mit der Mona Lisa auf dem Cover, von einer Frau berichtet, die von ihrem Mann verlassen wird und depressiv wird, und dadurch entsteht eine neue Situation: Der Mann geht doch nicht. Aber nun gehen Sie doch nicht davon aus, die Frau sei depressiv geworden, um den

---

56 Simon (1997, S. 25 ff.).

Mann zu halten. Sondern die Depression hat sich aus der Situation ergeben und sekundär eine bestimmte Funktion bekommen. Die Frage ist: Wie würde man da therapeutisch handeln? Ich glaube, das haben Sie an der Stelle nicht beschrieben.

Simon: Die Frau war schon lange in Therapie, bevor sie zu mir kam ...

König: In einer analytischen Therapie.

Simon: In einer analytischen Einzeltherapie, in einer Gruppentherapie und was weiß ich ... sie hatte verschiedene Therapien erprobt.
Sie kam zu mir, kurz nachdem eine lange Therapie bei einem Analytiker beendet war.

König: Ihr Mann wollte sich scheiden lassen, dann wurde sie depressiv, sie fühlte sich ohnmächtig und hielt dadurch den Mann. Sie hielt ihn vielleicht äußerlich, aber nicht innerlich.

Simon: Üblicherweise landet solch eine Frau bei einem Therapeuten, und zwar in der Einzeltherapie. Der Mann gibt sie da noch ab, damit er guten Gewissens weggehen kann. So was passiert ja häufiger. Da wird man den Mann nicht einbeziehen können, denke ich. Der wird nicht mitmachen, der hat nichts zu gewinnen. Es sei denn, er hat riesige Schuldgefühle. Aber wenn er die hätte, dann hätte er wahrscheinlich gar nicht daran gedacht, sich von ihr zu trennen.

König: Ich kenne so einen ähnlich Fall, in dem ein Arzt eine Klinik leitete und eine Assistentin zur Freundin genommen hat. Mit großen Schuldgefühlen, denn seiner Frau ging es dabei ganz schlecht. Das Ergebnis war über Jahre eine chronifizierte Dreiecksbeziehung, ohne wirkliche Trennung.

Simon: Ich würde da mit der Frau die Optionen, die mir in den Sinn kommen, durchspielen, im Sinne von: ob sie ihn denn zurück haben wollte – auch mit der Freundin, zum Beispiel. Worunter sie mehr leiden würde, und worunter sie weniger leiden würde? Alle die denkbaren Optionen, die mir in den Sinn kommen, und schauen, wie sie da Einfluss nehmen kann, dass das eine oder andere Endergebnis wahrscheinlicher wird. Wenn die Trennung endgültig wäre, wie lange würde das Leiden dauern? Und wann würde sie aufhören zu leiden? Würde es ewig dauern?

… wahrscheinlich ja nicht, ist meine Fantasie, denn Trauerarbeit ist irgendwann mal abgeschlossen.

Was, wenn der Kontext sich nicht verändern lässt?

König: In dem Fall der Frau, den Sie in dem Buch dargestellt haben, schreiben Sie, dass die Frau in einer schwachen Position war. Da spielt auch eine Rolle, wie alt die Leute sind. Ein Mann mit fünfzig oder sechzig kann oft noch eine attraktive Frau kriegen, eine Frau in dem Alter seltener einen attraktiven Mann.

Simon: Ich hatte hier neulich ein Paar zu einem Gespräch, da war der Mann Industrieller, wohlhabend, hatte viel Geld und eine Freundin. Die arbeitete bei ihm in der Firma. Die beiden fuhren gemeinsam zu irgendwelchen Konferenzen, während seine Frau still vor sich hin litt. Sie wollte, dass er die Freundin aufgibt, hatte aber keinerlei Machtmittel. Er sagte: „Ich will mich nicht von dir trennen, und du bist offiziell meine Frau, wir haben zwei Kinder, aber ich will meine Freundin behalten. Du hast alle materiellen und sozialen Vorteile, und ich will mich nicht von dir trennen. Aber selbst wenn du drohst, mich zu verlassen, werde ich diese Freundin nicht aufgeben."

König: Die haben eine Pattsituation.

Simon: Keine Pattsituation, sondern die Frau ist einfach paralysiert. Sie hat keinerlei Machtmittel.

König: Sie hat keine. Aber beim Schachspiel gibt es ja auch Pattsituationen, in denen sich die Dinge immer wieder wiederholen. Etwa … das ewige Schach.

Simon: Ja, genau. Aber hier kann sie noch nicht einmal Schach sagen, sondern sie hofft darauf, dass der Therapeut Schach sagt und den Mann unter moralischen Druck setzt. Das habe ich nicht getan. Ich habe mit ihr einfach besprochen, welche Machtmöglichkeiten sie hat. Sie hatte keine. Ich habe mit ihr auch durchgespielt, wenn sie jetzt depressiv würde, ob er dann bliebe. Und er sagte: „Ich halte die Form nach außen hin aufrecht. Ich mag dich auch, wir haben eine wichtige gemeinsame Geschichte. Aber das ist etwas ganz anderes. Entweder du akzeptierst es, oder du lässt es." Und es war ganz klar, wenn sie es nicht akzeptiert, dann zieht sie aus, wohnt irgendwo in einer Zweizimmerwohnung, finanziell unter lausigen Bedingungen im Vergleich zu dem, was sie jetzt hat. Absolut keine Chance.

Sie war nicht sehr zufrieden mit mir. Ich habe sie dann noch zu einer Kollegin weitergeschickt, weil die Frage im Raum stand, ob ich als männlicher Therapeut wirklich neutral genug bin. Schließlich habe ich dem Ehemann kein schlechtes Gewissen gemacht, sondern nur versucht durchzuspielen, welche Möglichkeiten sie hat. Und sie hatte keine für sie befriedigenden Alternativen. Nicht mal mit einer psychischen Krankheit hätte sie längerfristig eine gehabt. Sie war subdepressiv, deshalb hatte der Hausarzt sie zu mir geschickt. Aber nicht mal, wenn sie bettlägerig geworden wäre, hätte der Mann die Freundin aufgegeben …

König: Also, das wäre so ein Beispiel dafür, dass man den Kontext nicht ändern kann.

Simon: Weder der Therapeut noch die Patientin konnten es. Und in solch einem Fall ist für die Patientin eben die Frage: Finde ich mich damit ab, und bin ich bereit, den Preis zu zahlen? Für den eigenen Stolz, in diesem Fall? Das war sie nicht. Aber sie hatte auch keine Möglichkeit, ihre Situation zu ändern, und ich hatte sie auch nicht oder sah sie zumindest nicht … vielleicht hätte eine meiner Kolleginnen das ja anders gesehen.

Simon: Was hätten Sie aus analytischer Sicht in einer solchen Situation gemacht?

König: Was ich getan hätte …

Ich denke, Ziel einer Therapie bei einer Patientin in einer solchen Lebenssituation wäre wohl eine Entwicklung von Ressourcen, die es ihr ermöglichen würden, sich in ihrer Lebenssituation Freiräume zu schaffen. Vielleicht ist sie sehr auf die Beziehung fixiert, denkt den ganzen Tag dran und kann wenig anderes tun. Sie könnte zum Beispiel die materiellen Ressourcen, die ihr der Mann zur Verfügung stellt, anders einsetzen, sie in den Dienst eigener Interessen stellen, außerhalb der Partnerschaft. Oder sie könnte darauf kommen, dass ihr Leben in der Partnerschaft schlechter ist als ein Leben außerhalb der Partnerschaft, das sie sich gegenwärtig aber nicht zutraut. Dann würde sie sich von dem Mann trennen, auch wenn ihr das ökonomische Nachteile bringt. Die Vorteile kann sie doch kaum genießen, wenn sie depressiv ist. Die Pattsituation hat sicher auch etwas damit zu tun, dass die Patientin sich auf Ziele konzentriert, die sie nicht erreichen kann.

So etwa. Was die Patientin für sich erreichen könnte, hinge von den Ressourcen ab, die freigelegt oder entwickelt werden können. Natürlich ist es eine Frage, ob sie Ressourcen hat, die gelähmt sind, und ob neue entwickelt werden können.

Double-binds im Auge des Betrachters

König: Es gibt Leute, die sehen überall Doppelbindungen, weil sie keine Vorstellung von Ambivalenz haben. Signale, die sich gegenseitig ausschließen – komm her und geh weg –, können auch Ausdruck einer Ambivalenz sein. Zwei sich widersprechende Wünsche existieren in einer Person. Wenn jemand Ambivalenz von sich kennt, dann kann er sich durchaus vorstellen, dass ein Mensch einen anderen gleichzeitig lieben und hassen kann. Oder ihn mögen und von ihm genervt sein. Jemand, der in einer präambivalenten Entwicklungsphase stecken geblieben ist, wird sich das nicht vorstellen können. Das heißt aber auch, er wird Double-binds sehen, wo keine vorhanden sind.

Simon: Wobei die Frage bleibt: Was ist tatsächlich vorhanden? Das entscheidet ja derjenige, der nachsieht, ob es vorhanden ist. Was die Beschreibung angeht, bin ich einer Meinung mit Ihnen: Das Double-bind wird nur dadurch zum Double-bind, dass man ein zweiwertiges logisches Entweder-oder-Schema erwartet.

König: Ja. Weil man keine Vorstellung von Ambivalenz hat.

Simon: Entweder du bist für mich, oder du bist gegen mich.

König: Ja.

Simon: Und deswegen meine These: Man muss logisch denken, im Sinne der zweiwertigen Logik, um verrückt werden zu können. Da ist kein Platz für Ambivalenz. Ob man das jetzt als präambivalentes Stadium erklärt oder als etwas anderes, das ist die zweite Frage. Wenn jemand im Sinne einer zweiwertigen Logik denkt, dann ist für ihn Ambivalenz tödlich, ebenso wie ein tatsächliches Double-bind.

König: Und er macht aus Ambivalenzen Double-binds.

Simon: Die Frage ist also, wie aus Ambivalenzen Double-binds werden, wenn sie sich in Handlungsaufforderungen übersetzen: Komm zu mir – geh weg!

Hinter solch widersprüchlichen Mitteilungen steht meines Erachtens die Ambivalenz dessen, der diese Botschaften gibt. Aber der, der sie erhält, für den werden sie zum Double-bind, wenn er sie im Sinne des Entweder-oder-Musters interpretiert.

König: Wenn er sie so interpretiert. Dann benutzt er eine zweiwertige Logik.

Simon: Eine zweiwertige Logik ohne Berücksichtigung der Zeit. Wenn er Zeit einführt, etwa in der Form: Komm jetzt zu mir, geh dann wieder weg! – dann funktioniert es anders; auch wenn die Möglichkeit der Metakommunikation über diese widersprüchlichen Botschaften besteht oder das Feld geräumt werden kann, wird das Ganze entschärft.

Ich glaube nicht, nebenbei bemerkt, dass es Ambivalenz im klassischen Sinne gibt. Um es ein wenig konkreter zu sagen: Ich meine zwar, dass Ambivalenz erlebt wird, aber eigentlich steckt dahinter eine ganz schnelle Oszillation zwischen zwei Seiten einer Unterscheidung bzw. eines Konfliktes. Wenn ich mich in der Selbstbeobachtung als Einheit erlebe und wenn meine Handlungsimpulse zwischen zwei sich ausschließenden, widersprüchlichen Tendenzen ganz schnell hin und her schwanken, verschmilzt die zeitliche Unterscheidung zwischen vorher und nachher. Ich erlebe dann, dass ich mich hin und her gerissen fühle. Wenn die Frequenz dieser Oszillation sehr hoch ist, so erlebe ich beide Tendenzen subjektiv als gleichzeitig und sage: Ich bin ambivalent. Aber eigentlich ist da immer ein Zeitfaktor mit drin. Die eine Seite und die andere Seite der Ambivalenz kommen hintereinander. Und so kann ich eine Ambivalenz auch immer wieder beseitigen, indem ich die Zeit einfach dehne. Erst kommst du, und dann gehst du wieder.[57]

König: Das ist jetzt eine Beschreibung der Manifestationsform von Ambivalenz. Aber die ambivalente Position ist, wenn sie vorhanden ist, kontinuierlich vorhanden.

Simon: Ambivalenz ist ein Konstrukt. Sie nehmen an, dass noch etwas dahinter ist. Woher wissen Sie, dass Ambivalenz beim anderen existiert? Sie nehmen Ambivalenz beim anderen an und verhalten sich entsprechend.

König: Ich weiß von mir selbst und aus der Kenntnis von Patienten, wie Ambivalenz sich äußern und wie sie verborgen werden kann. Eine Möglichkeit, mit eigenen Ambivalenzen umzugehen, ist ja die Reaktionsbildung. Wenn jemand liebt und hasst, aber Angst davor hat zu lieben, verdeckt er Liebe durch das Gegenteil. Er fühlt dann nur: Ich hasse. Wenn man die Reaktionsbildung in einem solchen Fall anspricht und bearbeitet, dann führt das dazu, dass sie verschwindet und einer Ambivalenz Platz machte. Der Betreffende merkt, ich habe in der Beziehung zum anderen beides in mir, Liebe und Hass.

Simon: Das würde ich auch so beschreiben. Reaktionsbildung ist eine Aktivität, die es erspart, diese beiden Seiten erleben zu müssen.

König: Da wird einfach eine Seite der Ambivalenz durch das Gegenteil ersetzt, und dann ist, sagen wir mal, nur Negatives in der Beziehung. Oder wenn das Negative gefürchtet wird, ist nur Positives. Neben der positiven Seite der Ambivalenz steht dann das Ergebnis der Reaktionsbildung, also Positives, weil Negatives durch Positives überdeckt wird.

Simon: Und damit ist wieder logische Konsistenz hergestellt.

57 Simon (1990, S. 265 ff.).

KONFLIKTE

Simon: Über Konflikte sollten wir noch generell sprechen. Da gibt es, glaube ich, große Ähnlichkeiten zwischen unseren Auffassungen. Allerdings ist dieses Feld von Systemikern relativ wenig beackert worden. Es ist eher meine persönliche Vorliebe, mich mit Konflikten zu beschäftigen.[58] Mir hilft dabei diese Trennung zwischen Beschreiben, Erklären und Bewerten. Die Psychoanalyse beschreibt die Art und Weise, wie mit innerpsychischen Konflikten umgegangen wird, meines Erachtens sehr gut. Das Spannende ist, dass man dieselben Mechanismen auch in der Kommunikation findet. Es ist jedenfalls sehr deutlich, dass Psyche und Kommunikationssysteme beides Systeme sind, die mit Sinn arbeiten. Wie wird Sinn verändert? Durch Verkehrung ins Gegenteil, Verschiebung und Ähnliches.[59] Solche Mechanismen kann man auf der Kommunikationsebene genauso sehen, wie auf der intrapsychischen Ebene, der Denk- Fühl- oder Erlebensebene. Dort, glaube ich, hat die Psychoanalyse gute und detaillierte Beschreibungen geliefert, etwa davon, wie man eine ambivalenzfreie Situation schafft, und um welchen Preis man dies tut; welcher psychische Aufwand zum Beispiel damit verbunden ist. Dasselbe kann man auf soziale Systeme übertragen, auf Kommunikationssysteme.

Schwierig wird es natürlich mit der Terminologie. Da, denke ich, hilft diese Trennung zwischen Beschreibung und Erklärung nicht immer. Zum Beispiel kann ich versuchen, aus einer systemischen Sicht Psychodynamik in ein Selbstorganisationskonzept einzubauen. Wie funktioniert die Selbstorganisation psychischer Prozesse? Man kann sagen, es gibt Mechanismen, die dafür sorgen, dass Widerspruchsfreiheit entsteht, logische Konsistenz. Dann wird Ambivalenz beseitigt, es sei denn, es gibt ein zeitliches Oszillieren. Damit lässt sich auch Stabilität herstellen.

Mir scheint, dass die Psychoanalyse häufig, wenn sie Psychodynamik beschreibt, sie letztlich so beschreibt, also ob dahinter ein steuerndes, sich entscheidendes Subjekt stünde. Oder sie beschreibt die Interaktion zwischen Ich, Es und Über-Ich wie die der Mitglieder einer zerstrittenen Wohngemeinschaft. Wenn man den Begriff „Abwehrmechanismen" verwendet, dann klingt schon so etwas wie

---

58 Siehe Simon (2001b).
59 Vgl. Simon (1994).

111

ein Verteidigungsminister an. Ich glaube, man kann alle diese Mechanismen auch erklären, ohne dass man anthropomorphe Bedingung oder Intentionen annimmt, eben indem man ein Selbstorganisationsmodell anwendet und die Psyche als einen Organisationsprozess betrachtet, ja, eine Organisation (was, nebenbei gesagt, manche Ich-Psychologen ja auch tun[60]). Es ist sehr wahrscheinlich, dass dabei genau das Gleiche rauskommt.

König: Der Vorwurf des Anthropomorphismus wird Psychoanalytikern ja auch von Psychoanalytikern gemacht. Es wird kritisiert, dass man so tut, als ob das Es eine Person wäre, das Ich eine Person wäre und das Über-Ich auch eine Person. Die sind miteinander in einem Konflikt. Hartmann[61], der, glaube ich, Sohn eines österreichischen Botschafters in Deutschland war, von daher vielleicht mit den Beziehungen von Staaten untereinander etwas am Hut hatte, sah die psychischen Instanzen wie Staaten, die miteinander in Beziehungen stehen und Konflikte miteinander haben können. Nun ist eine solche Sichtweise sehr praktisch, vorausgesetzt, man berücksichtigt, dass es sich nur um Metaphern und nicht um exakte Beschreibungen handelt.

Simon: Ich denke, wir kommen nicht gegen die Metapher an. Warum auch? Die Frage ist nur, und ich wiederhole mich hier: Bleibt man sich bewusst, dass man mit einer Metapher jeweils auch eine bestimmte Logik von Erklärung einkauft? Es macht eben einen Unterschied, ob ich ein Phänomen implizit als einen Selbstorganisationsprozess erkläre oder als Ergebnis der autonomen Entscheidungen handelnder Subjekte oder als Resultat mechanischer Gleichgewichtsprozesse oder durch die Dynamik von Maschinen und Apparaten.

König: Die es natürlich nicht geben kann. Sagen Sie doch noch mehr dazu, wie Sie sich einen Selbstorganisationsprozess vorstellen.

Simon: Ich kann unterschiedliche Logiken der Beobachtung und der Erklärung verwenden.
  Wenn ich, zum Beispiel, davon ausgehe, dass psychische Prozesse immer darauf beruhen, dass Unterscheidungen vollzogen wer-

---

60 Vgl. Blanck u. Blanck (1974).
61 Hartmann (1971).

den, dann kann ich schauen, welche Merkmale den beiden Seiten einer Unterscheidung zugeschrieben werden. Entstehen dadurch Konflikte, verneinen sich die beiden Seiten gegenseitig, sind sie logisch kompatibel oder nicht? Kann man zum Beispiel als handelndes Subjekt zwei voneinander unterschiedene Handlungen gleichzeitig vollziehen, oder schließen sie sich gegenseitig aus? Kann man beispielsweise einen Apfel gleichzeitig essen und ihn für später aufheben? Das geht praktisch nicht, es entsteht ein psychischer Konflikt, beide Seiten der Unterscheidung negieren sich in einer Weise, die eine Entweder-oder-Alternative schafft. Einen Apfel zu essen und dabei geradeaus zu gehen wäre auch eine Unterscheidung zwischen zwei Handlungen oder Wünschen, aber sie schafft keinen unauflöslichen Widerspruch. Es entsteht keine Entweder-oder-Alternative. Wenn die aber gegeben ist, dann muss dieser Widerspruch irgendwie bewältigt werden. Eine Möglichkeit ist, dass nur auf der einen Seite der Unterscheidung der Prozess fortgesetzt wird und auf der anderen nicht. Der Apfel wird gegessen … Die Alternative wird verleugnet, vergessen, ins Gegenteil verkehrt usw., man wollte ihn sowieso nicht aufheben, weil alte Äpfel die Wespen anlocken …

Wenn das praktiziert wird, ohne dass eine bewusste Entscheidung getroffen worden ist, dann sprechen Psychoanalytiker von Abwehrmechanismen, die wirksam werden. Die andere Seite der Unterscheidung, die Versuchung, die von ihr ausgeht, wird – so die Idee – abgewehrt. Man kann das Ganze aber auch erklären, indem man sagt, hier habe ein Selbstorganisationsprozess, ein Evolutionsprozess psychischer Strukturen stattgefunden, bei dem logische Konsistenz hergestellt wurde. Widersprüche wurden beseitigt, weil nur *die* Unterscheidungen und Strukturen die Wirklichkeitskonstruktionen überlebt haben, die „gepasst" haben, d. h. mit gewissen Konsistenzanforderungen kompatibel waren.

König: Ich habe gewisse Schwierigkeiten, mir das, was Sie beschrieben haben, in einem Entstehungsprozess vorzustellen. Ich kann mir vorstellen, dass etwas so funktioniert, wenn es erst mal am Laufen ist. Aber die Frage ist doch auch: Wie ist es entstanden? Wie kam es zu diesen Möglichkeiten? Das ist im Grunde eine Frage an die Evolutionstheorie. Ich bin ja immer noch ein bisschen Naturwissenschaftler und staune immer wieder über die Forschungsergebnisse der Biologie. Was wir über die Biologie von Organismen erfahren, wird ja immer komplexer. Und es übersteigt mein Vorstellungsvermögen, mir vorzustellen, dass das alles nur per Selektion entstanden ist. Da gibt es doch sehr kreative Lösungen, und das soll alles per Selektion entstanden sein.

Simon: Auch die psychische Entwicklung lässt sich ganz gut durch die drei evolutionären Schritte der Variation, Selektion und Bestätigung erklären. Was überlebensfähig ist, was funktioniert, das wird halt weitergemacht. Es mag nicht die beste psychische Struktur sein, weder emotional noch intellektuell die optimale Überlebensstrategie, aber es geht ... – und das reicht als Maßstab der Fitness. Auch hier haben wir so etwas wie den Wiederholungszwang.

König: Ich weiß nicht, ob die Evolutionstheorie sich in ihrer heutigen Form auf Dauer bewähren kann. Das ist noch völlig offen, finde ich. Es war viel einfacher, als man noch weniger wusste.

Simon: Ja, das stimmt wohl. Ich weiß auch nicht, ob sie sich wirklich bewähren wird, aber das evolutionäre Prinzip hat, wie ich finde, einen hohen Erklärungswert und große Plausibilität.

König: Ja, das ist klar.

Simon: Aber wahrscheinlich brauchen die Evolutionstheoretiker nur zu schauen, ob das reicht, um alles zu erklären. Und: Was will man an die Stelle setzen?

König: Na gut, den lieben Gott.

Simon: Der ist, denke ich, vom Erklärungswert her zu allumfassend, mit ihm wird einfach alles erklärbar, bzw. Erklärungen werden unnötig. Das scheint mir kein befriedigendes Modell.

König: Vielleicht sollten wir zur Klinik zurückkehren.

Simon: Also, was ich behaupte, ist: Die Psyche entsteht dadurch, dass ein biologisches System mit einem Sinn verarbeitenden System, d. h. einem Kommunikationssystem, in Interaktion tritt. Setzt man einen menschlichen Organismus in ein soziales System, dann fängt dieser

Organismus an, sich in die Kommunikation einzufügen. Er beobachtet sich und seine Umwelt. Er nimmt wahr und ordnet seine Wahrnehmungen. Das mag zunächst auf einer Reflexebene geschehen, doch auch dies ist schon eine Form des Beobachtens, d. h. des Unterscheidens und Bezeichnens.[62] Wenn es dann zur Selbstbeobachtung der Beobachtung kommt, entsteht so etwas wie Bewusstsein. Es kommt zur Emergenz psychischer Strukturen. Es werden psychisch Unterscheidungen vollzogen, Einheiten konstruiert, Assoziationen geknüpft usw. oder, besser gesagt: Sie entwickeln sich. Da ist keiner, der sie ordnet, sondern sie ordnen sich. Und im Laufe der Erlebensgeschichte entstehen dann wirklich so etwas wie ein Selbstbild und eine Vorstellung von Objekten, internalisierte Spielmuster etc. Und wenn dabei Widersprüche und Konflikte entstehen, so müssen die eben auch organisiert und eingeordnet werden.

Dazu braucht man aber niemanden, der das alles konstruiert oder Unvereinbares abwehrt, sondern das Ganze kann als eine Lerngeschichte verstanden werden, die nach evolutionären Prinzipien funktioniert. Es kommt zur Variationen von Wahrnehmungen und zu ihrer Selektion. Manche werden als wichtig beurteilt und andere als unwichtig übersehen, manche als unpassend aussortiert, manche werden verknüpft, manche werden isoliert, und die Verknüpfungen und Konstruktionen, die sich bewähren, bleiben erhalten, d. h., sie werden wiederholt. Aber es gibt hunderttausend verschiedene Möglichkeiten dessen, was sich im Einzelfall bewähren könnte und sich tatsächlich bewährt.

Konzepte der Gesundheit

Simon: Aus der Systemtheorie kann man – wie aus der Evolutionstheorie – keine Normvorstellungen ableiten. Daher haben systemische Therapeuten im Allgemeinen kein normatives Selbstverständnis. Eigentlich haben sie weder ein Gesundheitskonzept noch ein Reifekonzept. Man kann aus systemtheoretischer Perspektive zwar sehr wohl sagen, dies oder jenes ist pathologisch, weil der Betreffende selber oder seine Mitmenschen es so bewerten. Man kann

---

62 So charakterisiert Niklas Luhmann in Anlehnung an George Spencer-Brown den Vorgang des Beobachtens; vgl. Luhman (1984, S. 100); Spencer-Brown (1969).

fragen: Wann tritt man über die Grenze dessen, was noch mit dem Überleben vereinbar ist oder im sozialen Bereich als unauffällig oder als kompatibel mit den Spielregeln toleriert oder akzeptiert wird? Aber es gibt keine systemischen Vorstellungen, wo jemand hinsollte, d. h., wie er oder eine Familie im Idealfall sein sollte, um sich das Prädikat „gesund" zu verdienen.[63]

König: Das ist ja auch ein Problem der analytischen Therapie: Gesundheitskonzepte sind sehr kontrovers. Wenn ich sage, die Menschen sind verschieden, heißt das ja auch, dass ich nicht davon ausgehe, dass es *den* Gesunden gibt. Man hatte früher in der Psychoanalyse diese Vorstellung vom genitalen Charakter. Es war die Vorstellung: Die Sexualität muss ausreifen, dann ist alles okay. Heute weiß man ja längst, dass jemand sexuell befriedigend leben und schizophren sein kann, also ist das nicht der Maßstab. Oder das WHO-Konzept ... Es gibt keine Gesunden nach dieser Definition ... Man hat aber versucht, uns zu sagen, dass es das geben sollte, in den Achtundsechzigern hat man so eine menschheitsbeglückende Idee gehabt.

Simon: Ich glaube, man kann als Therapeut besser mit einer negativen Zieldefinition therapieren[64], d. h. etwas wegtherapieren – zum Beispiel Symptome. Ganz analog zum körperlichen Bereich, auch da ist ja Gesundheit relativ schwer zu definieren. Man kann zwar sagen, rote Flecken im Gesicht weisen auf eine Krankheit hin, aber: Wie muss ein Gesicht aussehen, um als gesund durchzugehen? Da wird es schwierig.

König: Keine roten Flecken.

Simon: Genau. Ich kann sagen, die roten Flecken sollten nicht da sein. So sehe ich das auch in anderen Bereichen aus systemischer Sicht. Ich kann sagen, der Patient steht vier Stunden unter der Dusche, und das sollte er lieber lassen. Man kann zwar sagen, was er nicht mehr tun sollte, wenn er von seinen Mitmenschen nicht für krank gehal-

63 Vgl. Simon (1995, S. 103 ff.).
64 Zur Zieldefinition in der systemischen Therapie siehe Simon (1995, S. 192 ff.); Simon u. Rech-Simon (1999, S. 29 f.).

ten werden will, aber wie er ansonsten zu leben hat, da lassen sich keine Normvorstellungen aus der Systemtheorie ableiten. Die reife Genitalität im analytischen Sinne kann man nicht feststellen, man hat kein Merkmal der Unterscheidung dafür. Minussymptome sind an sich schon ein Problem, und wenn es kein interpersonell überprüfbares Merkmal dafür gibt, dass der angestrebte Zustand erreicht wird, dann kommt es zur endlosen Therapie …

König: Aber die Vorstellung, dass der Mensch reif sein soll, in irgendeiner Art und Weise, die ist bei den Psychoanalytikern schon verbreitet.

Simon: Das halte ich für einen Unterschied auch in der konkreten Arbeit. In dem Moment, in dem ich ein Reifekonzept habe, mache ich auch ein bestimmtes Beziehungsangebot, nach dem Motto: Ich bin reif und du nicht. Ich kreiere damit letztlich eine Ich-bin-okay-und-du-bist-nicht-okay- oder auch Oben-unten-Situation. Der eine definiert nicht nur, was reif ist, sondern er beurteilt auch noch, ob der andere diesen Kriterien gerecht wird.

König: Das ist allerdings nicht meine Position.

Simon: Ich will Ihnen das auch gar nicht unterstellen, ich meine nur, dass dies ein prinzipielles Problem der Reifeideen ist.

König: Freud hat ja zum Beispiel gesagt, dass niemand mit seinen Patienten weiter kommen kann, als er selbst gekommen ist. Ich denke, das stimmt nicht. In Supervisionen habe ich soundso oft gesehen, dass Leute, die in bestimmten Bereichen nicht weit gekommen sind, den Patienten in diesen Bereichen weiterhelfen können. Zum Beispiel kann eine Therapeutin, die ihre Sexualität nie entwickelt hat oder Sexualität aus äußeren Gründen nie voll leben konnte, ihren Patienten dazu verhelfen, dass sie ihre Sexualität entwickeln und leben. Die haben vielleicht auch bessere Chancen, vom Alter oder der äußeren Lebenssituation her. Eine solche Therapeutin kann den Patientinnen dazu verhelfen, dass sie Erfahrungen machen, die sie nie gemacht hat. Also, dieses ursprüngliche freudsche Diktum, man kann mit Patienten nicht weiter kommen, als man selbst gekommen ist, stimmt nicht.

Simon: Das glaube ich auch nicht. Es gibt ja auch begnadete Klavierlehrer, die nie große Pianisten werden, aber ihre Schüler werden es. Das ist auch nicht mein Einwand gegen die Reifekonzepte. Ich glaube nur, in dem Moment, in dem ich ein normatives Verständnis habe im Sinne von: „So solltest du sein!", begebe ich mich in die Position dessen, der vorgibt, wie der andere zu sein hat; er geht dann voran, und der andere hat hinterherzulaufen. Damit schaffe ich eine unangemessene Ungleichheit in der Beziehung.

Asymmetrie ist natürlich die Basis der ganzen therapeutischen Arbeit. Es stellt sich aber die Frage: Wie kann ich die Ungleichheit, die aufgrund der Rollenasymmetrie entsteht, so nutzen, dass der andere nicht implizit abgewertet wird?

Eine Ressourcenorientierung ist eher aufwertend für den Patienten. Wenn ich beispielsweise den Status quo positiv bewerte, etwa im dem Sinne, dass das Symptom in dieser oder jener Hinsicht funktionell ist- dann vermittle ich meinen Patienten nicht, sie sollten eigentlich anders sein. Ich überlasse es den Patienten zu sagen, dass sich irgendetwas ändern sollte.

In der konkreten Arbeit kann ich gar keinem mir bekannten Analytiker die Pathologieorientierung vorwerfen, zumindest nicht denen, die ich als Analysand näher erlebt habe. Aber es schwingt in der ganzen Theorie immer mit, es ist ein altes Erbe …

König: Na ja, wer durchanalysiert ist, der ist eben reif. Man kann per Analyse diesen Reifegrad erreichen und verhilft dann den Patienten dazu.

Simon: Wenn man Streitgespräche zwischen Analytikern anschaut, die sich gegenseitig nicht zubilligen, reif zu sein, sondern sich mit Diagnosen bombardieren, dann fragt man sich natürlich schon, ob das wirklich eine passende oder nützliche Annahme ist.

König: Das behaupte ich ja auch nicht. Ich habe es gesagt, um deutlich zu machen, dass ich das nicht so sehe. Es fängt schon damit an, dass man niemanden „durchanalysieren" kann.

Was die Asymmetrie angeht, gibt es natürlich Unklarheiten. Asymmetrie ist eine Grundlage jeder therapeutischen Beziehung, völlig klar. Man könnte auch ausführen, warum. Das können wir uns, glaube ich, jetzt im Moment sparen[65]. Aber ich frage mich, ob man nicht – Sie tun das ja – auch als Analytiker vermitteln kann, dass der Patient Dinge kann, die man selbst nicht kann. Die Illusionen über die Reichweite, über die Möglichkeiten der Psychoanalyse stammen ja aus der ersten Pionierzeit, als die Analytiker die Erfolge der Psychoanalyse stark überschätzt haben, gerade was die Persönlichkeitsentwicklung angeht. Das steckt bei vielen noch drin, auch wenn Freud gegen Ende seines Lebens skeptischer war.

Andererseits gibt es ja konkrete Fälle, in denen Analytiker Menschen dazu verholfen haben, dass sie produktiv wurden, auch in Bereichen, in denen die Analytiker selbst nicht produktiv waren. Sie haben den Patienten dabei geholfen, Hindernisse wegzuräumen, der Rest resultiert aus den Begabungen der Analysanden. Wenn man zum Beispiel an Tilman Moser denkt. Der hat einen Analytiker gehabt, der in seinem ganzen Leben zwei oder drei Arbeiten geschrieben hat, und Tilman Moser hat viel geschrieben. Mein eigener Lehranalytiker hat wenig geschrieben, aber er hat mir dabei geholfen zu schreiben, denke ich mal. Ich habe ihn unterschätzt, als ich bei ihm war. Ich glaube inzwischen, dass er sehr entwicklungsfördernd war.

Simon: Wir hatten ja denselben. Ich glaube auch nicht, dass er mir geschadet hat. Obwohl es jetzt schwer ist, die Wirkungen der Analyse zu bewerten.

König: Ja, das ist tatsächlich schwer bei ihm. Wie er es gemacht hat, ist schwer zu sagen, aber er hat etwas gemacht.

Noch einmal: das Setting

Simon: Mir scheint die Setting-Frage ein ganz zentraler Aspekt zu sein: die Ein- oder Mehr-Personen-Frage. Ich habe ja schon gesagt, dass ich den systemischen Kollegen gegenüber, die vehement die systemische Einzeltherapie propagieren, etwas skeptisch bin. Ich glaube, dass ein Setting mit mehreren Personen, die im System eine gemeinsame Geschichte haben, etwas sehr Einzigartiges und Wichtiges ist. Es eröffnet gegenüber dem Einzel-Setting eine neue Pers-

---

65 König (2001a).

pektive und neue Interventionsmöglichkeiten, da der Therapeut mit der Lebenssphäre eines Symptomträgers direkt konfrontiert ist.

Ich sehe als Therapeut, wie die Beteiligten miteinander umgehen, nicht nur mit mir. Es bleibt nicht beim Hörensagen. Die Beteiligten beschreiben ein Kommunikationssystem aus der Innenperspektive ja immer anders, als dies der außen stehende Beobachter tun kann.

Diese Außenperspektive finde ich sehr ökonomisierend, da sie es mir auch ermöglicht, mich von dieser ganzen Übertragungs- und Gegenübertragungsproblematik und ihren Verwicklungen fern zu halten.

König: Und es ja sicher nicht so, dass man alles an der Patient-Therapeut-Beziehung abhandeln kann. Der Therapeut bietet bestimmte Übertragungsauslöser[66], sodass bestimmte Übertragungen untergebracht werden können, andere nicht. Das gilt zum Beispiel für die ödipale Liebesübertragung. Die wird nicht untergebracht, wenn das Geschlecht des Therapeuten oder eben der Therapeutin nicht stimmt. Zumindest habe ich das in eigener Praxis und in Supervisionen noch nie erfahren, und ich habe auch noch keinen überzeugenden Bericht gelesen, der das beschrieben hätte.

Ich benutze ja ein Übertragungskonzept, das eine Übertragungsdisposition, einen Übertragungswunsch und Übertragungsauslöser annimmt. Die Disposition geht von den inneren Objekten aus. Mit Übertragungswunsch ist gemeint, dass (und wie intensiv) man die inneren Objekte übertragen möchte. Wenn ein bestimmtes Objekt bereits auf ein anderes Objekt übertragen ist, dann ist der Wunsch weniger intensiv, oder er kann fehlen. Auslöser sind Eigenschaften, die ein Objekt, etwa der Therapeut, mit Objekten gemeinsam hat, die in der inneren Welt eines Menschen aufgrund früherer Beziehungserfahrungen vorhanden sind. Hier geht es also um Gemeinsamkeiten – oder zumindest Ähnlichkeiten – der Merkmale. Mütterlichkeit als Verhalten können Männer, also auch Therapeuten anbieten, die physischen Eigenschaften, die auf der ödipalen Ebene Begehren auslösen, aber nicht. Jemand kann nicht als Mann die Merkmale einer Frau anbieten.

66 König (1998).

Und so denke ich, dass es ein Problem ist, alles in der Übertragung bearbeiten zu wollen. Erfahrungsgemäß geht es am ehesten bei frühen Übertragungen. Je später es wird, desto differenzierter müssen die Übertragungsauslöser sein.

In der tiefenpsychologisch fundierten Psychotherapie arbeitet man mehr als in einer klassischen Analyse an den Beziehungen des Patienten zu anderen Personen als an der zum Therapeuten. Oft sprechen Übertragungen auf einen selbst erst an, wenn sie zum Widerstand werden. An den anderen Beziehungen kann man natürlich nicht im Hier und Jetzt arbeiten. Wenn man eine Familientherapie macht, kann man es im Hier und Jetzt tun. Man beobachtet die Beziehungen des Patienten zu anderen Personen unmittelbar. Das ist sicher ein Vorteil. In Gruppentherapien arbeitet man an den Beziehungen der Gruppenmitglieder zueinander, im Hier und Jetzt. Man geht davon aus, dass sie sich ähnlich den Außenbeziehungen konstellieren. An den Außenbeziehungen direkt zu arbeiten ist ein einleuchtender Weg.

Simon: Ich halte das für sehr entscheidend. Und wenn Sie sagen, dass die Übertragung auf den Therapeuten in einer tiefenpsychologisch fundierten Therapie, nur wenn sie zu irgendwelchen Komplikationen führt, bearbeitet wird, würde ich das analog zum systemischen Vorgehen sehen. Man ist sich dessen zwar bewusst, dass man sozusagen alles Mögliche an Zuschreibungen abkriegt, aber man greift es nur auf, wenn es zu Verwicklungen führt; etwa wenn man anfängt, sich zu hakeln, oder das Gefühl hat, es gibt Machtkämpfe usw. Dann, denke ich, muss man intervenieren. Ganz klar.

König: Wir haben darüber gesprochen, dass man durch direkte Einwirkung stereotyp ablaufende Prozesse oft leicht unterbrechen kann. Das ist jedenfalls meine Erfahrung aus der Paartherapie. Man muss direktiver sein.

Simon: Und kann es auch.

König: Und kann es auch, ja.

Simon: Und im Mehr-Personen-Setting ist man als Therapeut nicht nur einer Person …

König: … einer Sichtweise ausgeliefert.

Simon: … nicht nur einer Sichtweise ausgeliefert, sondern auch nicht auf die Kooperation mit nur einer Person, dem Patienten, angewiesen. Das ändert die Beziehung zum Therapeuten.

In einer Einzeltherapie kann der Patient etwas anderes berichten, als er zu Hause wirklich macht. Wenn man mit nur einem Partner aus einem Paar oder mit einem Familienmitglied alleine zu tun hat, dann besteht ja die Gefahr, dass die Therapie dazu dient, in der Familie oder in der Paarbeziehung nichts ändern zu müssen. Weil man sich so etwas wie einen Kompensationsraum geschaffen hat, in dem man sich auskotzt oder sich all das holt, was man zu Hause nicht bekommt. Diese Gefahr ist, denke ich, geringer, wenn die Beteiligten alle in einem Raum sind. Wenn man mit einem Patienten allein arbeitet, kann der in der Therapie über die Familie erzählen, was er will, und in der Familie über die Therapie, was ihm eben gerade passt. Er kann beide Systeme miteinander balancieren und dadurch einen wirklichen Veränderungsdruck vermeiden.

König: Ich nehme an, dass das vorkommt. Ich würde allerdings nicht sagen, dass das in jedem Fall vorkommen muss.

Simon: Ich sage nicht, dass das vorkommen muss. Aber es ist ein Risiko, das vorkommen kann. Und das halte ich im Mehr-Personen-Setting einfach für geringer.

Es reicht dann auch, wenn einer initiativ wird. Und es muss nicht immer der initiativ werden, der als problematisch erscheint. Wer die größten Symptome produziert, ist nicht immer derjenige, der den größten Leidens- und Veränderungsdruck hat. Diejenigen, die zu einer Veränderung motiviert sind, erwischt man leichter, wenn man mit der Familie arbeitet.

König: Ja. Eines bei der Familientherapie in der klassischen Form finde ich problematisch; nämlich dass man zu allem die Kinder hinzunimmt. Weil man damit unter Umständen die Generationsgrenzen verletzt.

Simon: Ja, darüber kann man sich natürlich streiten. Also, um es vorweg zu sagen, ich halte es auch nicht für sinnvoll, wenn zu allem die Kinder dabei sind. Es gibt Dinge, die die Kinder einfach nichts angehen. Aber die Frage ist ja: Wer muss die Verantwortung für die Aufrechterhaltung der Generationsgrenze übernehmen? Die Eltern oder der Therapeut? Meine Erfahrung ist schon, dass das diagnostisch ein interessanter Punkt ist. Wenn die Eltern plötzlich anfangen, über ihr Geschlechtsleben in Anwesenheit ihrer sieben- und achtjährigen Kinder zu reden, fühle ich natürlich den Impuls zu sagen: Kann man das nicht in einem anderen Setting machen? Ich tue das dann auch, aber es ist ja schon interessant, das zu beobachten. Ich kann dann zum Beispiel vermuten, dass es auch zu Hause ein Problem sein könnte, dass die Generationsgrenze nicht gewahrt wird. Und dann wird das natürlich ein Thema, mit dem sich auch die Therapie beschäftigen kann.

Wobei die Frage wieder wäre: Ist das nicht zu normativ? Mir fällt das ja von meinen Erwartungen her auf. Außerdem sind wir dann bei der grundsätzlichen Frage: Wofür hat der Therapeut die Verantwortung? Muss er die Generationsgrenze einziehen, oder reicht es, wenn er sie thematisiert und fragt: Wie wird es zu Hause gemacht? Was geht die Kinder nichts an? Wie wird die Grenze zwischen dem Subsystem der Eltern und der Kinder kommuniziert?

König: Ich glaube natürlich, wenn man diese Fragen stellt, vermeidet man noch etwas Wichtiges: Nämlich dass die Eltern glauben, man will die Generationsgrenze weghaben. Es gab ja Ende der Sechziger- und in den Siebzigerjahren in den Kommunen und Wohngemeinschaften eine Tendenz, alles in Gegenwart aller zu machen.

Simon: Ich habe in dieser Zeit in Wohngemeinschaften gelebt, über Jahre, und habe es eigentlich nie erlebt, dass diese Tendenz wirklich realisiert wurde. De facto gab es immer Privaträume. Ich denke, es waren Verbalradikale, die das propagiert haben.

König: Zum Teil wurde das so vertreten, zum Beispiel: Kinder müssen bei allem dabei sein. Sexualität ist nichts, was vor den Kindern verborgen werden muss. Und ich habe bei Patienten, die zu jener Zeit Kinder waren, gefunden, dass das auf sie wie ein sexueller Missbrauch gewirkt hat. Auf dem Hintergrund solcher Erfahrungen könnten Patienten, die heute Eltern sind, nun denken, der Therapeut will das so. Wenn man natürlich jetzt fragt, wie ist es zu Hause und was machen sie vor den Kindern und was nicht, vermeidet man dieses Problem.

Simon: Ich glaube eh, das ist das Elegante an diesen systemischen Vorgehensweisen: Ich kann eigentlich alles thematisieren. Natürlich gebe ich implizit die Botschaft, das ist was Wichtiges, wenn ich es thematisiere. Aber ich habe dann immer noch die Möglichkeit, später Stellung dazu zu nehmen. Wenn ich schweigend warten würde, wäre eben nicht klar: Ist das wichtig oder nicht. Dadurch, dass ich es anspreche, sage ich: Es ist wichtig.

König: Und das kann auch ein Problem sein.

Simon: Es könnte eines sein. Als systemischer Therapeut bin ich allerdings sehr direktiv, was die Leitung der Sitzung angeht und auch was die Fokussierung der Aufmerksamkeit betrifft. Das heißt nicht, dass ich sage: So sollte es sein, oder so sollte es nicht sein. Aber ich sage allemal: Das ist ein Thema, auf das wir schauen müssen.

König: Insgesamt haben wir jetzt hauptsächlich oder überwiegend über die Vorteile des Familien-Settings gesprochen. Gibt es auch irgendwelche Nachteile?

Simon: Ich bin da wahrscheinlich der Falsche für diese Frage. Ich sehe fast nur Vorteile, weil ich viel lieber im Familien-Setting arbeite. Ich verkünde das auch immer, dass ich es für das einfachere Setting halte. Eben wegen dieser dyadischen Verwicklungen, in die man im Einzel-Setting geraten kann. Im Mehr-Personen-Setting kann ich fast immer die Außenperspektive bewahren oder irgendjemanden unter den Anwesenden finden, der eine Außenperspektive hat. Ich finde es sehr, sehr viel mühsamer und schwieriger in Einzeltherapie-Situationen. Insofern fallen mir keine wirklichen Nachteile ein. Außer, wie gesagt, dass man gelegentlich schauen muss: Was ist das richtige Setting, was ist das relevante System? Ich muss nicht immer alle Leute im Raum haben.

König: Das ist, finde ich, ein wichtiger Punkt. Ich habe oft den Eindruck gehabt und die Erfahrung gemacht, bei Paarproblemen reicht es, wenn man mit dem Paar arbeitet.

Simon: Ja, ich glaube auch, dass das reichen kann. Wenn sich in der Paarbeziehung etwas ändert, dann ändern sich auch die Familienbeziehungen. Das hängt aber auch von der jeweiligen Problematik ab. Wer ist Symptomträger? Ich denke, wenn man da irgendeinen Adoleszenten mit einer Psychosesymptomatik hat, ist es schwieriger, ohne ihn zu arbeiten.

König: Das ist klar.

Simon: Andererseits: Wenn wir mit ihm in Anwesenheit der Familienangehörigen arbeiten, ist das für ihn oft sehr massiv. Aber da gibt es viele Variationen. Und manchmal, wie gesagt, braucht man bestimmte Personen aus der Familie gar nicht, aber es ist ganz allgemein günstig, mehr als einen Menschen dabeizuhaben. Oft zum Beispiel sage ich, wenn es größere Familien sind: Kommen Sie mindestens zu dritt. Ich überlasse Ihnen die Auswahl. Dann habe ich immer einen Außenbeobachter, der eine Zweierbeziehung beschreiben kann. Man vermeidet die Zweiersituation mit all ihren logischen Fallstricken. Diese ganzen One-up-man-ship-Geschichte hat ja auch etwas mit der Zweierbeziehung zu tun.

ÖKONOMISCHE FRAGEN DER THERAPIE

König: Einen ein Punkt würde ich gerne noch mal mit Ihnen überlegen. Was ist ökonomischer? Eine, sagen wir mal, analytisch orientierte Therapie mit einer Wochenstunde über zwei Jahre oder eine systemische Therapie? Bezogen auf den Aufwand an Therapeutenzeit. Das hängt natürlich damit zusammen, ob man mit einem Team arbeitet oder nicht.

Simon: Bei der momentanen Lage im Gesundheitssystem sind die Krankenkassen ja sehr zurückhaltend bei der Bezahlung von Psychotherapie, von Familientherapie oder systemischer Therapie gar nicht zu sprechen. Wenn man mal das berücksichtigt, werden bestimmte Settings einfach unwahrscheinlich.

Als wir früher im universitären Rahmen mit einer explizit wissenschaftlichen Zielsetzung gearbeitet haben, hatten wir ein Team-Setting. Da haben wir meines Erachtens am besten gearbeitet. Es war ein Team von vier Personen[67], aber das muss Team nicht unbedingt heißen. Das war ein Forschungs-Setting, das ich persönlich nicht für irgendeine Versorgungssituation anraten würde. Aber zu zweit zu arbeiten ist häufig sehr sinnvoll.

Wenn man zum Beispiel mit den Familien manisch-depressiver Patienten arbeitet, geht das meines Erachtens nur im Team. Es laufen so viele Splittings, so viele Spaltungsprozesse ab, dass ein Einzelner vollkommen den Boden unter den Füßen verliert. Deswegen, glaube ich, sind auch die einzeltherapeutischen Erfahrungen mit dieser Klientel so lausig. Aber im Team kann man das bewältigen, und zwar ganz gut.[68]

Wir machen zwischen einer und zehn Sitzungen, manchmal machen wir auch zwölf. Aber das ist schon die Obergrenze. Ein Erstinterview im Team kann mit Pause und Nachbesprechung schon drei Stunden dauern. Aber länger auch nicht, das ist ein Extremfall.

König: Und wie viele solche können Sie an einem Tag machen?

Simon: Das hängt von der individuellen Kondition ab. Ich persönlich kann kaum mehr als zwei solcher Sitzungen durchhalten. Die Folgesitzungen sind meist kürzer, da kann man mehr machen. Im Team werden sie meist länger, als wenn man allein arbeitet. Da gibt es Abstimmungsbedarf. Aber rechnen wir mal anderthalb bis zwei Stunden für eine Folgesitzung. Dann hätte man bei zehn Sitzungen maximal 20–23 Stunden à zwei Personen. Insgesamt kommt man also auf 40 bis 49 Therapeutenstunden mit Vor- und Nachbereitung. Aber das ist, wie gesagt, der Extremfall, dass wir so viele Sitzungen machen.

König: Ich finde es übrigens wichtig, zu berücksichtigen, wie viel man an einem Tag machen kann, wenn es um Verhandlungen mit den Kostenträgern geht. Man kann nicht die reinen Kontaktzeiten rechnen, dazu kommen die Vorbereitung und die Nachbereitung. Aber auch die kognitive und emotionale Belastung ist bei verschiedenen Verfahren unterschiedlich. Ich habe einmal 80 Gruppenthera-

---

67 Helm Stierlin, Gunthard Weber, Gunther Schmidt, Fritz B. Simon (gegen Ende kam dann noch Arnold Retzer hinzu).
68 Simon (1998).

peuten auf einer Tagung gefragt, was sie mehr anstrengt: Einzel- oder Gruppentherapie. Alle bis auf eine Person haben gesagt, es ist die Gruppentherapie. Ich habe auch wenig Gruppentherapeuten angetroffen, die mehr als fünf Sitzungen die Woche machten. Ich mache gelegentlich fünfzehn, das sind dreißig Zeitstunden, in einer Woche. Danach muss ich mich erholen, auf Dauer könnte ich das nicht machen.

In ihrem Eifer, darzustellen, dass die Gruppentherapie eine ökonomische Methode sei, haben Gruppentherapeuten die Unterschiede in der Belastung beiseite geschoben, was ich für unklug halte.

THERAPIEZIELE

Simon: Ich glaube, dass es auch deshalb schwierig ist, die Ökonomie unterschiedlicher Therapieverfahren wirklich zu vergleichen, weil die Therapieziele von systemischer Therapie und tiefenpsychologisch orientierter Therapie unterschiedlich sind.

König: Ja, das wäre wichtig. Wo sehen Sie die Unterschiede?

Simon: Wir denken, dass es Sinn der Sitzung ist, wieder Optionen zu eröffnen, Entwicklungen anzustoßen. Die Entwicklung soll aber zu Hause passieren, d. h. die eigentliche Arbeit. Also, es geht nicht um Durcharbeiten, sondern um Anregung von Entwicklung. Es geht darum, wieder Neuentwicklung, Neuaushandeln von Beziehungen, neues Lernen zu ermöglichen, wenn man es alltagssprachlich ausdrücken will. Das ist natürlich ein relativ bescheidenes Ziel. Nach dem Motto: Jemand klebt fest in einem repetitiven Muster, dem „Wiederholungszwang", wenn Sie so wollen, und dann hilft man ihm eben, das Muster zu durchbrechen und sich abzulösen. Dann lässt man ihn wieder alleine laufen. Wo er dann hinläuft, ist seine Sache. Das Ziel ist viel weniger konkret definiert, viel bescheidener in den Ansprüchen, als wenn ich sage, er soll da- und dorthin kommen, z. B. zur Reife, zur Gesundheit ...

König: Die Ziele sind natürlich bei den verschiedenen psychoanalytischen Verfahren unterschiedlich. Die klassische Analyse hat ja weit gesteckte Ziele, die analytische Psychotherapie engere, und bei der so genannten tiefenpsychologisch fundierten Therapie sind die Ziele noch begrenzter. Es gehört sogar zur Definition dieser Therapieform, dass die Ziele begrenzt sind. Wenn man den systemischen Ansatz, so wie Sie ihn beschrieben haben, und den psychoanalytischen Ansatz vergleicht, scheint mir ein wesentlicher Unterschied zu sein, dass Sie auf die vorhandenen Ressourcen zurückgreifen, während man in einer klassischen Analyse versucht, die Ressourcen eines Patienten zu entwickeln. Man bearbeitet, was ihren Einsatz verhindert, und versucht außerdem, einen Nachreifungsprozess in Gang zu setzen, der neue Ressourcen entstehen lässt. Das wäre ein Vergleich des systemischen Vorgehens mit einer klassischen Analyse.

Nun arbeiten Psychoanalytiker eben auch mit modifizierten Verfahren, zum Beispiel auch mit Kurzzeittherapien von vielleicht fünfundzwanzig Sitzungen, die einen sehr umschriebenen Konflikt bearbeiten. Das ermöglicht es im günstigen Fall, dass am Ende Ich-Funktionen eingesetzt werden können, die vorher durch den inneren Konflikt gelähmt waren. Dabei konzentriert man sich ganz auf die vorhandenen Ressourcen. Als Systemiker unterbrechen Sie ein maladaptives Interaktionsmuster. Mit einem psychoanalytisch orientierten Verfahren bearbeite ich den zugrunde liegenden Konflikt. Ich rechne damit, dass sich auch das äußere Verhalten ein Stück weit ändert, wenn es weniger oder nicht mehr durch den inneren Konflikt bestimmt ist. Der Zustand des Patienten wäre dann mit dem vergleichbar, den er vor Ausbruch seiner Erkrankung hatte, also vor der Aktivierung des Konflikts.

Ein Bonus für den Patienten ist, dass er in der Therapie die Zusammenhänge zwischen inneren Konflikten, Erleben und Handeln kennen gelernt hat und wieder eine Therapie macht, wenn er in eine Situation gerät, in der sein Erleben und Verhalten wieder durch einen inneren Konflikt bestimmt wird, der in einer entsprechenden auslösenden Situation aktiviert wurde. Manche Patienten können sich dann auch ein Stück weit selbst helfen, indem sie dem bewussten Anteil der innern Konflikte nachspüren und Vermutungen darüber anstellen, wie der unbewusste Anteil des Konflikts aussehen könnte.

Unerwartetes/Ende/Abschied

Simon: Ich habe mal eine Patientin gehabt, 300 Stunden in Analyse, eine meiner ersten Analysandinnen, die mir am Schluss, drei Stunden vor Ende, offenbarte, dass sie eigentlich vorhatte, in der letzten Stunde irgendetwas zu tun, womit ich überhaupt nicht gerechnet hätte. Sie wollte nicht, dass ich am Ende das Gefühl hätte, ich würde sie vollkommen kennen. Das hat mir sehr eingeleuchtet. In einer Analyse ist das doch eine sehr einseitige Beziehung. Der eine erzählt viel über sich; er erzählt womöglich alles, was ihm in den Sinn kommt, wenn er sich wirklich an die Grundregel hält, alles zu sagen; und der andere ist relativ undurchschaubar. Ich verstehe den Wunsch, am Schluss diese Beziehung auf eine andere Stufe zu heben: „Da sind noch Dinge in mir, von denen du dir nichts träumen lässt." Ich konnte ihr nur Recht geben. Ich sagte ihr, ich sei mir darüber im Klaren, dass sie noch vieles in petto habe, von dem ich mir nichts träumen lasse. Das reichte ihr dann offenbar zur Beruhigung …

König: Mir fiel einmal eine Patientin nach der letzten Stunde um den Hals und sagte: „Das wollte ich immer schon mal machen." Ich habe sie an den Schultern gefasst und wieder losgelassen. Sie ist dann gegangen.

Simon: Ja, ich glaube, damit ist die Beziehung auch beendet gewesen. Der künstlichen Beziehung folgt wieder etwas Normales. Beim Abschied kann man sich um den Hals fallen.

König: Das Loslassen ist wichtig. Ich habe sie an den Schultern gefasst, um sie wieder loszulassen. Sie kam dann noch einmal zu einer Krisenintervention, viel später. Der Abschied war gelungen, deshalb konnte sie wiederkommen.

Simon: Sie haben es eben so betont, Sie haben die Patientin an den Schultern gefasst und sie wieder losgelassen. Das wäre schon etwas Bedeutungsvolles. Das Wiederloslassen oder das Anfassen, wobei: Anfassen ist ja normalerweise verboten.

König: Sie hing mir ja schon am Hals. Die Frage war einfach, ob ich sie dann wegschieben sollte.

Simon: Dann hätten Sie die nächsten hundert Stunden gleich wieder ansetzen können.

König: Ja, ich bin auf das Beziehungsangebot eingegangen, und das Wiederloslassen war mit dem Beziehungsangebot vereinbar. Ich würde sehr hoffen, dass mir so etwas nicht noch mal passiert, weil ich nicht sicher bin, ob ich wieder auf so eine Lösung käme. Oder ob ich das genauso machen könnte. Das war nun nicht reflektiert, sondern das hängt auch von der Tagesform ab, und natürlich kannte ich die Patientin. Ihr Verhalten passte zu der Beziehungsform am Ende dieser Analyse, unter Übertragungsaspekten und unter realen Aspekten. Insofern hat es mich inhaltlich nicht überrascht, nur in der Art.

Simon: Ja, die ist interessant, weil Sie ja doch beide ein nonverbales Zeichensystem genutzt haben. Sie sind erst auf das Angebot eingegangen, auf den Kontaktwunsch. In dieser Phase hatte die Patientin die Initiative übernommen. Dann haben Sie aber wieder die Führung ergriffen und die Patientin demonstrativ losgelassen, sodass sie hinterhergehen konnte. Das konnten Sie aber erst, nachdem Sie aktiv die Patientin an den Schultern gefasst hatten. Das war ein Switch in der Leitung der Sitzung, sozusagen.

König: Ja, sie hat die Initiative ergriffen, aber das Loslassen war meine Initiative.

Simon: In der systemischen Therapie ist es etwas leichter, zu einem Ende zu kommen. Da schon bei der ersten Sitzung angekündigt wird, dass nicht mehr als zehn Sitzungen stattfinden werden, wird ein anderer Erwartungshorizont eröffnet. Das bestimmt das Entwicklungstempo, die Patienten können selbst sehen, wie weit sie ihr Zeitbudget schon aufgebraucht haben. Das Verschieben von Veränderung auf eine ferne Zukunft wird unwahrscheinlicher.

Und wenn dann die zehn Stunden um sind, dann ist eigentlich auch klar, dass jetzt Schluss ist. Allerdings würden wir die Beziehung künstlich in einem Sonderstatus halten, wenn wir so etwas wie ein kategorisches Therapieende postulieren würden. Daher eröffnen wir am Ende der Therapie die Möglichkeit, den Kontakt wieder aufzunehmen: in einem Jahr etwa, um zu einem Gespräch zu kommen, wie es weitergegangen ist. Wir sind neugierig, wir sind auch interessiert am weiteren Schicksal unserer Patienten. Sie brauchen sich nicht extra ein neues Problem zuzulegen, wenn sie nach diesem Jahr zu uns kommen wollen. Aber wenn sie wirklich ein Problem haben sollten, dann dürfen sie uns natürlich auch jederzeit kontaktieren ...

Wir machen gewissermaßen die Tür zum Therapieraum wieder auf, um den Kontakt zu den Therapeuten als Möglichkeit offen zu halten. Es ist kein Alles-oder-nichts-Abschied, und es war keine Alles-oder-nichts-Beziehung. Erfahrungsgemäß wird von der Möglichkeit zurückzukommen nur selten Gebrauch gemacht. Vielleicht, weil sie zur Verfügung steht ...

Nachbemerkung

Eine Einheitspsychotherapie liegt vermutlich noch in weiter Ferne. Es ist auch fraglich, ob sie wünschenswert wäre. Die Wahl eines therapeutischen Verfahrens hängt nicht nur von überzeugenden so genannten objektiven Kriterien ab, sondern auch von subjektiven Faktoren, die in der Persönlichkeit des Therapeuten liegen. In der somatischen Medizin kann man das dort beobachten, wo sich die Indikationen für das eine oder andere Verfahren überschneiden, wie zum Beispiel bei der Chirurgie und der Radiologie in der Behandlung von Krebserkrankungen. Chirurgen und Radiologen unterscheiden sich auch in ihrer Persönlichkeit; es gibt ein chirurgisches und ein radiologisches „Temperament". In Zukunft wird es wahrscheinlich verstärkt zu Kooperationen zwischen den Vertretern verschiedener Fachrichtungen im Bereich der Psychotherapie kommen, wie das an manchen psychotherapeutischen Kliniken und Polikliniken schon heute praktiziert wird. Um kooperieren zu können, sollte man etwas von der Methode wissen, die der Kooperationspartner anwendet. Die meisten Leser dieses Buches werden sich der einen oder anderen Richtung, der Psychoanalyse oder der Systemtheorie, zugehörig fühlen und vielleicht etwas Neues über das jeweils andere Vorgehen erfahren haben. Die in diesem Buch zitierte Literatur bietet weitere Möglichkeiten zur Information.

Literatur

Balint, M. (1968): Theoretische Aspekte der Regression. Die Theorie der Grundstörung. Reinbek (Rowohlt).

Balint, M. (1970): Therapeutische Aspekte der Regression. Stuttgart (Klett).

Blanck, G. u. R. Blanck (1974): Angewandte Ich-Psychologie. Stuttgart (Klett-Cotta).

Boscolo, L., G. Cecchin, L. Hoffman u. P. Penn (1988): Familientherapie – Systemtherapie. Das Mailänder Modell. Dortmund (Modernes Leben).

Bowen, M. (1976): Family therapy and family group therapy. In: D. H. Olson (ed.): Treating relationships. Lake Mills, IA (Graphic).

Ekman, P (1988): Gesichtsausdruck und Gefühl. 20 Jahre Forschung von Paul Ekman. Paderborn (Junfermann).

Erikson, E. H. (1959): Identität und Lebenszyklus. Frankfurt a. M. (Suhrkamp).

Foerster, H. von (1988): Abbau und Aufbau. In: F. B. Simon (Hrsg.) (1997): Lebende Systeme. Wirklichkeitskonstruktionen in der systemischen Therapie. Frankfurt a. M. (Suhrkamp), S. 32–51.

Freud, A. (1936): Das Ich und die Abwehrmechanismen. In: Die Schriften der Anna Freud. München (Kindler), 1980, S. 193–355.

Freud, A. (1969): Psychoanalyse in Vergangenheit und Gegenwart. Der Analytiker und seine Patienten. In: Die Schriften der Anna Freud. München (Kindler) 1980, S. 2491–2502.

Freud, S. (1930): Das Unbehagen in der Kultur. Gesammelte Werke, Bd. XIV. Frankfurt (S. Fischer), S. 419–506.

Garland, C. (1982): Group analysis: taking the non-problem seriously. *Group Analysis* 15: 4–14.

Gill, M. (1982): Analysis of transference. Vol. I. Theory and technique. New York (International Universities Press).

Haley, J. (1963): Gemeinsamer Nenner Interaktion. Strategien der Psychotherapie. München (Pfeiffer), 1978.

Hartmann, H. (1971): Ich-Pyschologie. Studien zur psychoanalytischen Theorie. Stuttgart (Klett).

Haynal, A. (1989): Die Technik-Debatte in der Psychoanalyse. Freud, Ferenczi, Balint. Frankfurt a. M. (Fischer).

Heigl, F. S. (1987): Indikation und Prognose in Psychoanalyse und Psychotherapie. Göttingen (Vandenhoeck & Ruprecht).

Heigl, F. S. u. A. Triebel (1977): Lernvorgänge in der psychoanalytischen Therapie. Die Technik der Bestätigung. Eine empirische Untersuchung. Bern / Stuttgart (Huber).

Heigl-Evers, A. u. F. S. Heigl (1973): Gruppentherapie: interaktionell – tiefenpsychologisch fundiert (analytisch orientiert) – psychoanalytisch. *Zeitschrift für Gruppenpsychotherapie und Gruppendynamik* 7: 132–157 .

Heigl-Evers, A. u. J. Ott (Hrsg.) (1994): Die psychoanalytisch-interaktionelle Methode. Göttingen (Vandenhoeck & Ruprecht).

König, K. (1973): Theoretisches Konzept und Interventionstechnik des Gruppentherapeuten unter Berücksichtigung seiner gruppendynamischen Position. *Zeitschrift für Gruppenpsychotherapie und Gruppendynamik* 7: 158–179.

König, K. (1976): Übertragungsauslöser – Übertragung – Regression in der analytischen Gruppe. *Gruppenpsychotherapie und Gruppendynamik* 10: 220–232.

König, K. (1981): Angst und Persönlichkeit. Das Konzept vom steuernden Objekt und seine Anwendungen. Göttingen (Vandenhoeck & Ruprecht), 6. Aufl. 1999.

König, K. (1992): Kleine psychoanalytische Charakterkunde. Göttingen (Vandenhoeck & Ruprecht), 5. Aufl. 1999.

König, K. (1993): Einzeltherapie außerhalb des klassischen Settings. Göttingen (Vandenhoeck & Ruprecht).

König, K. (1998): Übertragungsanalyse. Göttingen (Vandenhoeck & Ruprecht).

König, K. (2001a): Einführung in die psychoanalytische Interventionstechnik. Stuttgart (Klett-Cotta).

König, K. (2001b): Mit dem eigenen Charakter umgehen. Düsseldorf (Walter).

König, K. u. R. Kreische (1991): Psychotherapeuten und Paare. Göttingen (Vandenhoeck & Ruprecht), 2. Aufl. 1993.

König, K. u. W. V. Lindner (1992): Psychoanalytische Gruppentherapie. Göttingen (Vandenhoeck & Ruprecht), 2. Aufl. 1992.

Luhmann, N. (1984): Soziale Systeme. Frankfurt a. M. (Suhrkamp).

Maturana, H. (1975): Biologie der Sprache: Die Epistemologie der Realität. In: H. Maturana (1982): Erkennen: Die Organisation und Verkörperung von Wirklichkeit. Braunschweig (Vieweg), S. 236–271.

Maturana, H. u. F. Varela (1975): Autopoietische Systeme: Eine Bestimmung der lebendigen Organisation. In: H. Maturana (1982): Erkennen: Die Organisation und Verkörperung von Wirklichkeit. Braunschweig (Vieweg), S. 170–235.

Mentzos, S. (2001): Psychodynamik des Wahns. In: F. Schwarz u. C. Maier (Hrsg.): Psychotherapie der Psychosen. Stuttgart (Thieme), S. 17–27.

Nunberg, H. (1971): Allgemeine Neurosenlehre. Bern / Stuttgart / Wien (Huber), S. 177–183.

Retzer, A. u. F. B. Simon (2001a): Grundlagen der systemischen Therapie manisch-depressiver Psychosen. In: F. C. Schwarz u. C. Maier (Hrsg.): Psychotherapie der Psychosen. Stuttgart (Thieme), S. 205–210.

Retzer, A. u. F. B. Simon (2001b): Grundlagen der systemischen Therapie schizophrener Psychosen. In: F. C. Schwarz u. C. Maier (Hrsg.): Psychotherapie der Psychosen. Stuttgart (Thieme), S. 61–72.

Retzer, A. u. F. B. Simon (2001c): Systemische Therapie manisch-depressiver Psychosen. In: F. C. Schwarz u. C. Maier (Hrsg.): Psychotherapie der Psychosen. Stuttgart (Thieme), S. 230–240.

Retzer, A. u. F. B. Simon (2001d): Systemische Therapie schizophrener Psychosen. In: F. C. Schwarz u. C. Maier (Hrsg.): Psychotherapie der Psychosen. Stuttgart (Thieme), S. 157–167.

Sandler, J. (1992): Reflections on the theory of psychoanalytic technique. *International Journal of Psycho-Analysis* 73: 189–198.

Sandler, J. (1993): On communication from patient to analyst: not everything is projective communication. *International Journal of Psycho-Analysis* 74: 1097–1108.

Selvini Palazzoli, M., G. Boscolo, G. Cecchin u. G. Prata (1975): Paradoxon und Gegenparadoxon. Stuttgart (Klett), 1977.

Shazer, S. de (1989): Der Dreh. Heidelberg (Carl-Auer-Systeme).

Simon, F. B. (1988/1993): Unterschiede, die Unterschiede machen. Klinische Epistemologie: Grundlage einer systemischen Psychiatrie und Psychosomatik. Frankfurt a. M. (Suhrkamp), 3. Aufl. 1999.

Simon, F. B. (1990): Meine Psychose, mein Fahrrad und ich. Zur Selbstorganisation der Verrücktheit. Heidelberg (Carl-Auer-Systeme), 8. Aufl. 2000.

Simon, F. B. (1994): Die Form der Psyche. Psychoanalyse und neuere Systemtheorie. *Psyche* 48: 50–79.

Simon, F. B. (1995): Die andere Seite der Gesundheit. Ansätze einer systemischen Krankheits- und Therapietheorie. Heidelberg (Carl-Auer-Systeme), 2. Aufl. 2001.

Simon, F. B. (1997): Die Kunst, nicht zu lernen. Und andere Paradoxien in Psychotherapie, Management, Politik ... Heidelberg (Carl-Auer-Systeme).

Simon, F. B. (1998): Beyond bipolar thinking: patterns of conflict as a focus for diagnosis and intervention. *Family Process* 37: 215–232.

Simon, F. B. (2001a): Interaktion und Emotion aus systemischer Sicht. In: M. Cierpka u. P. Buchheim (Hrsg.): Psychodynamische Konzepte. Berlin/Heidelberg (Springer), S. 243–250.

Simon, F. B. (2001b): Tödliche Konflikte. Zur Selbstorganisation privater und öffentlicher Kriege. Heidelberg (Carl-Auer-Systeme).

Simon, F. B. u. C. Rech-Simon (1999): Zirkuläres Fragen. Systemische Therapie in Fallbeispielen. Ein Lernbuch. Heidelberg (Carl-Auer-Systeme), 4. Aufl. 2001.

Spencer-Brown, G. (1969): Laws of Form. New York (Dutton).

Tomm, K. (1994): Die Fragen des Beobachters. Heidelberg (Carl-Auer-Systeme).

Watzlawick, P., J. H. Weakland u. R. Fisch (1974): Lösungen – Zur Theorie und Praxis menschlichen Wandels. Bern (Huber), 1974.

Wittgenstein, L. (1958): Philosophische Untersuchungen. Frankfurt a. M. (Suhrkamp), 1971.

Über die Autoren

Karl König, Prof. Dr. med., war von 1981 bis 1997 Leiter der Abteilung klinische Gruppenpsychotherapie an der medizinischen Fakultät Göttingen. Von 1978–1994 war er Vorsitzender des Göttinger Psychoanalytischen Instituts, jetzt Lou Andreas-Salomé Institut. König ist Ehrenmitglied der französischen Gesellschaft für analytische Gruppenpsychotherapie. Er ist Autor von vielen Fachartikeln und Büchern.

Fritz B. Simon, Dr. med., Psychiater, Psychoanalytiker, systemischer Therapeut und Organisationsberater. Er ist Professor für Führung und Organisation an der Wirtschaftswissenschaftlichen Fakultät der Universität Witten/Herdecke. Bis 1999 Priv.-Doz. für Psychosomatik und Psychotherapie in Heidelberg. Er ist Autor und Herausgeber von zahlreichen Fachartikeln und zwölf Büchern.